A1-A2 **2**

MÉTHODE DE FRANÇAIS

Céline HIMBER

Charlotte RASTELLO

Fabienne GALLON

HACHETTE
Français langue étrangère
www.fle.hachette-livre.fr

Crédits photographiques

p. 7 a : © Tibor Bognar/Photononstop ; p. 7 b : © Bertrand Rieger/Hemisphere ; p. 7 c : © John Frumm/Hemisphere ; p. 10 a : © John-Francis Bourke/zefa/Corbis ; p. 10 b : © Banana/Photononstop ; p. 10 c : © Massimo Rossi/Photononstop ; p. 10 d : © Reporters/Photononstop ; p. 10 e : © Massimo Rossi/Photononstop ; p. 11 a : © P. Juste / Le Progrès /Maxppp ; p. 11 b : © P. Augros/Le Progrès/Maxppp ; p. 13 : © F. Berthillier/Photononstop ; p. 14 a : © C. Moirenc/Photononstop ; p. 14 b : © J.-P. Lescourret/Photononstop ; p. 14 c : © B. Grimalt ; p. 19 a : © Randy Faris/Corbis ; p. 19 b : © Mika/zefa/Corbis ; p. 22 a : © Bsip/Mendil ; p. 22 b : © Getty images/Ebby May/Taxi ; pp. 26-27a : © J.-B. Quentin /Le Parisien/Maxppp ; pp. 26-27 b : © Barbieri/Eureka Slide-Reporters/Rea ; pp. 26-27 c : © J.-B. Quentin /Le Parisien/Maxppp ; pp. 26-27 d : © R. Holmes/CORBIS ; pp. 26-27 e : © B. Bechard/Maxppp ; p. 29 a : © B. Bechard/Maxppp ; p. 29 b : © Benelux Press / Photononstop ; p. 32 : © D. Degnan/Corbis ; p. 35 a-k : © B. Grimalt ; p. 37 a : © C.&A. Purcell/Corbis ; p. 37 b : © Getty images/ PM Images ; p. 39 a : © F. Vallon/Cub Sept/Corbis ; p. 39 b : © Bwp Media/Maxppp ; pp. 44-45 a : © F. Cardoso/Fotostock/Hoa-qui ; pp.44-45 b : © L'Alsace/J. F. Frey/ Maxppp ; pp.44-45 c : © R. Damoret/Rea ; pp.44-45 d : © Stone/amwell/Gettyimage ; pp.44-45 e : © J. L. Pelaez/Corbis ; p. 44-45 f : © Fotostock/Hoaqui/Jeff Greenberg ; p. 44-45 g : © Lucidio Studio, Inc./Corbis ; p. 44-45 h : © Rea ; p. 44-45 i : © France 3 ; p. 44-45 j : © S. Villeger/Hoaqui ; p. 44-45 i : © D.R. ; p. 47 a : © Hardy/zefa/Corbis ; p. 47 b : © D. McGlynn/Taxi/Getty images ; p. 54 : © Free Agents Limited/Corbis ; p. 55 a : © Randy Faris/Cobis ; p. 55 b : © A. Majoli / Magnum ; p. 58 a : © M. Cooper/Corbis ; p. 58 b : © Randy Faris/Corbis ; p. 58 c : © Eliane/Zefa/Corbis ; pp. 62-63 a : © Bettmann/Corbis ; pp. 62-63 b : © Rue des Archives ; pp. 62-63 c : © L. Monier / Rue des Archives ; pp. 62-63 d : © Rue des Archives/The Granger Collection NYC ; pp. 62-63 e : © Louis Monnier/Gamma ; pp. 62-63 f-j : © D. R. ; p. 65 a : S. Jarry/Maxppp ; p. 65 b : © BSIP/OSF/M. Brooke ; p. 68 : © N. Quidu/Gamma ; p. 73 a : © BSIP/NASA ; p. 73 b : © Coneyl Jay/Corbis ; p. 80-81 a : © Rue des archives/RDA ; pp. 80-81 b : © Rue des Archives/Berolina ; pp. 80-81 c : © Rue des Archives ; pp. 80-81 d : © Rue des Archives ; pp. 80-81 e : © Airbus SAS.2005/H.Gousse/Gamma ; pp. 80-81 f : © Rue des Archives/AGIP ; pp. 80-81 g : © D. Allie/Maxppp ; pp. 80-81 h : © A. Duclos/Gamma ; pp. 80-81 i : © D. R. ; pp. 80-81 j : © Rue des Archives/PVDE ; pp. 80-81 k : © Randy Faris/Corbis ; p. 82 : © Robert Llewellyn/Corbis.

Couverture : Jean-Louis Menou/Men-ate
Conception de la maquette intérieure : Jean-Louis Couturier
Conception des pages *Mag* et *Civilisation* : Marion Fernagut
Mise en page : Marion Fernagut
Secrétariat d'édition : Cécile Schwartz
Illustrations : Denis Viougeas, Grégoire Belko et Nathalie Lemaire
Cartographie : Hachette Éducation
Recherche iconographique : Magali Bru
Photogravure : Nord Compo
Photo de couverture : © Jon Feingersh/Masterfile

ISBN : 2-01-155412-8
© Hachette Livre 2006, 43, quai de Grenelle, 75905 Paris cedex 15.
www.hachette-education.com

Avant-propos

Le Mag'2 s'adresse à un public de jeunes adolescents poursuivant leur apprentissage de la langue française.
Il couvre environ 70 heures d'enseignement.

Une préparation au Nouveau Delf (A1/A2)

Le Mag'2 a pour objectif de préparer les élèves à communiquer dans des situations élémentaires de la vie quotidienne tout en leur faisant découvrir différents aspects de la culture française.
Les contenus linguistiques et culturels proposés suivent les recommandations du **Cadre européen commun de référence**. Ils complètent le niveau A1 commencé avec *Le Mag'1*, et couvrent en partie le niveau A2.
Ils permettent également de s'entraîner au **Nouveau Delf A1** (pour la première partie) **et A2** (pour la deuxième partie).

Une organisation modulaire par double page conçue sur un mode magazine

Comme dans le niveau 1, *Le Mag'2* est composé d'une unité de départ suivie de huit unités de huit pages.
Les élèves retrouvent le groupe de jeunes adolescents du *Mag'1* qui se réunissent chaque semaine pour concevoir un magazine (*Le Mag'*) au sein d'un atelier journalisme.
Chaque unité de la méthode, traitée sur le mode d'un magazine pour adolescents, s'ouvre sur la « une » présentant le thème de l'unité et ses objectifs, et se compose des séquences suivantes :

• La première double page *Atelier* présente un épisode de l'histoire des personnages. Elle est axée sur la compréhension et l'expression **orales**.

• La deuxième double page *Magazine* présente un extrait du magazine créé par les jeunes et des activités privilégiant la compréhension et l'expression **écrites**. Dans chacune de ces deux doubles pages, un ou deux points de grammaire et un thème lexical sont abordés et travaillés en contexte. L'aspect communicatif de la langue est largement privilégié.

• Après une phase d'observation puis de déduction des règles grammaticales, un travail plus systématique sur la langue est proposé dans la page *Atelier langue* qui aborde également un point de phonétique au moyen d'une chanson.

• Une *BD* authentique ou un *DOC* extrait de magazines pour adolescents et reprenant le thème de l'unité permet de compléter le lexique avec des mots plus familiers. Ces pages ont également pour but de découvrir des auteurs de BD francophones ainsi que des revues appréciées des adolescents français.

• Une page *Fais le point*, conçue pour s'entraîner au nouveau *Delf* (A1 et A2), clôt chaque unité comme exposé ci-dessous. Ces pages sont accompagnées d'un rappel thématique du lexique de l'unité.

• Toutes les deux unités, une double page *Civilisation* aborde un point culturel de manière ludique.

Une grande richesse d'évaluation

• Des pages **Bilan** pour retravailler régulièrement les acquis :
– pour chaque unité, une page *Fais le point* structurée par compétences pour s'entraîner au nouveau DELF dans le livre élève, et, dans le cahier d'exercices, structurée par points linguistiques et notée sur 20.

• Des pages d'**auto-évaluation** pour l'élève dans le cahier d'exercices :
– toutes les deux unités, des activités à faire en autonomie, structurées par points linguistiques et notées sur 20.
– à la fin de chaque unité, une rubrique *Portfolio* reprenant les objectifs du CECR niveau A1-A2.

• Une série de **tests** pour chaque unité dans le guide pédagogique, notés, organisés par aptitudes et directement utilisables en classe par le professeur.

En annexe...

Sont proposés en fin d'ouvrage : un *précis grammatical*, un récapitulatif des *actes de parole* et un *lexique* multilingue.

Autres composants

En complément du manuel, *Le Mag'2* propose :
– un **guide pédagogique** qui donne une exploitation de toutes les activités du manuel et du cahier d'exercices ainsi que leur correction et apporte des informations culturelles et des suggestions d'activités complémentaires. Il contient également des fiches photocopiables (révisions, approfondissements, tests)
– un **cahier d'exercices** vivant et ludique qui suit la structure du livre de l'élève. Il offre en plus une page *Sons et graphies* consacrée à la pratique de l'orthographe ainsi que, toutes les deux unités, une page *Projet* à réaliser avec la classe et une page d'*auto-évaluation* à faire en autonomie.
– des **cassettes** ou **CD audio pour la classe**, supports de toutes les activités orales symbolisées par le « picto écoute » avec des dialogues animés et des chansons qui « bougent » !
– un **CD élève** reprenant les dialogues, les chansons et les activités orales des pages *Fais le point* de chaque unité du livre élève.
– une **vidéo** pour la classe.

Et maintenant, à vous de découvrir *Le Mag'2* !

Tableau des contenus

	Unité 0 Recherche correspondant...	Unité 1 Jeu de piste	Unité 2 Aïe ! Ça fait mal !	Unité 3 Plat du jour
THÈMES	– L'Europe	– La ville – L'orientation dans l'espace	– La santé – Le corps	– La nourriture
OBJECTIFS	– Se présenter – Décrire son pays et ses compatriotes – Écrire à un correspondant	– Exprimer la volonté et la capacité – Demander son chemin – Indiquer un itinéraire	– Dire comment on se sent – Poser des questions – Parler de sa santé – Proposer des solutions – Exprimer des conditions	– Commander au restaurant – Parler de son aliment█ – Exprimer une quant█ – Comprendre et réali█ une recette de cuisine
LEXIQUE	– Les adjectifs de nationalité – Les pays – Les langues	– Les expressions de lieu : *à droite, à gauche, tout droit, en face de, entre* – La ville, les commerces, les services, les monuments	– Les états d'âme et les sensations – Le corps – Quelques remèdes – Quelques couleurs	– Les aliments – Les repas – Quelques ustensiles – Quelques instructio█ pour réaliser une rece█ de cuisine
GRAMMAIRE	– L'accord des adjectifs de nationalité – Le genre des pays et les prépositions de lieu	– Les verbes *vouloir* et *pouvoir* – L'impératif négatif – Les présentatifs *c'est / ce sont ; il (elle) est / ils (elles) sont*	– Les mots interrogatifs : *quand, comment, pourquoi* – *Pourquoi / Parce que* – Les verbes du 2e groupe : *choisir, guérir, finir* – La condition avec *si* + présent	– Les articles partitifs *du, de la, de l'* – Les adverbes de qua█ tité : *beaucoup, un pe█ trop, assez* – L'interrogation avec *combien*
COMMUNI-CATION	– Décrire, caractériser – Se présenter (révision) – Présenter son pays	– Situer dans l'espace – Demander / Donner une direction – Lire une brochure touristique – Parler de son quartier, de sa ville	– Dire comment on se sent – Poser des questions – Exprimer des conditions – Proposer des solutions	– Demander poliment█ – Exprimer une quant█ – Donner des instruct█
CULTURE	– L'Europe et les différences culturelles	– Le Vieux-Lyon	– La santé – Paris	– La gastronomie franç█ – Les habitudes alimentaires des Fran█
PHONÉTIQUE	– [ɛ̃] [jɛ̃] / [ɛn] [jɛn]	– Les couples de voyelles : *ai, au, eu, oi, ou*	– [o], [Ø], [e]	– [R]
THÈMES TRANSVERSAUX	– Interculturel : le respect des différences	– Convivialité : entraide et collaboration – Interculturel : un quartier historique : le Vieux-Lyon	– Convivialité : rassurer, conseiller – Interculturel : la santé	– Éducation pour la sa█ une alimentation équilibrée – Interculturel : les différences culinaires et culturelles
RÉVISIONS	– Se présenter – Les prépositions : *chez, dans, au, à la* – Les questions (interrogation intonative, *où*) – L'accord des adjectifs	– Le vouvoiement – Les questions (interrogation intonative, *où, comment*) – L'impératif affirmatif – Quelques prépositions et adverbes de lieu : *à côté de, devant, derrière*	– Les questions – La négation – Le verbe *avoir* – L'impératif (conseils)	– L'impératif – La négation – *Pas de* – Les articles définis et indéfinis

Unité 4 Télé = Réalité ?	Unité 5 Enquête !	Unité 6 Argent de poche	Unité 7 Planète en danger !	Unité 8 Spécial futur
s médias s faits insolites	– L'enquête policière	– L'argent et les achats	– L'environnement et la pollution	– Les projets et l'avenir
conter des faits és rler des médias rire une information lite	– Raconter des faits passés – Mener une enquête	– Faire des achats – Demander des informations poliment – Organiser un sondage	– Parler du temps qu'il fait – Dire ce qu'il faut faire ou ne pas faire – Écrire un tract	– Parler de ses projets professionnels – Parler de l'avenir
s médias : *télé, radio, naux, Internet* s expressions de ps : *hier, ce matin, maine dernière, hier*	– Lexique de l'enquête policière : *coupable, police, accuser, enquête, voler, preuves*	– Les vêtements – Les couleurs – L'argent – Les nombres jusqu'à 1 000	– L'environnement – La météo – La nature	– Les professions – Les nombres jusqu'à l'infini – Lexique de la science-fiction : *soucoupe volante, espace, extra-terrestre, robot, fusée*
passé composé avoir (formes mative, négative et rogative) s participes passés guliers	– La négation avec *rien, jamais, personne* – Les adverbes *déjà* et *toujours* – *Oui / Si* – Le passé composé avec *être*	– Les adjectifs démonstratifs : *ce, cet, cette, ces* – Les verbes en -*yer* (*essayer, payer*) – L'adjectif interrogatif *quel(le)(s)* – La question formelle (avec inversion du sujet)	– les constructions impersonnelles : *il pleut, il neige,* etc., *il faut / il ne faut pas* + infinitif – La négation avec *ne... plus* – Le verbe *devoir* – Les pronoms COD : *le, la, l', les*	– Le futur simple – Les adjectifs possessifs : *notre, nos, votre, vos, leur, leurs*
conter des actions vénements passés ser des questions e passé rire une information lite	– Raconter des actions ou événements passés – Poser des questions sur le passé – Répondre négativement	– Acheter, demander poliment – Demander et donner un prix – Exprimer une proportion	– Parler du temps qu'il fait – Exprimer une nécessité, une obligation – Écrire un tract	– Parler de ses projets d'orientation professionnelle – Parler de l'avenir
s médias mercredi en France	– Les vols, la délinquance – La police	– L'euro – Les vêtements – Quelques héros de la littérature française	– L'écologie en France – La météo en France	– Les professions – L'avenir – Les inventions d'hier et d'aujourd'hui
et ses graphies	– Opposition [t] / [d] et [k] / [g]	– [j] et ses graphies	– [sjɔ̃] et ses graphies	– Le [ə] caduc
terculturel : élévision ucation : eloppement de rit critique cernant les médias	– Citoyenneté : la délinquance et le respect des biens publics et privés	– Éducation du consommateur : l'utilisation et la valeur de l'argent – Interculturel : les adolescents et l'argent de poche	– Citoyenneté : la protection de l'environnement	– Éducation : la vie active
uxiliaire *avoir* s mots interrogatifs négation	– Passé composé avec *avoir* + interrogation + négation – Les prépositions de lieu : *sur, sous, dans, à côté de ...*	– *Qu'est-ce que ? / Est-ce que ?* – *Combien* – Les nombres – *Je voudrais* – Le verbe *pouvoir*	– La négation – L'impératif	– Les nombres jusqu'à 1 000 – Le verbe *pouvoir* – La négation avec *ne... plus*

Je ne suis pas

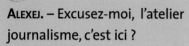

ALEXEJ. – Excusez-moi, l'atelier journalisme, c'est ici ?

RÉMI. – Oui, c'est ici. On attend Nico, l'animateur. Toi aussi tu viens à l'atelier ?

ALEXEJ. – Oui.

MAÏA. – Comment tu t'appelles ?

ALEXEJ. – Alexej.

RÉMI. – Comment ?

ALEXEJ. – Alexej. Je suis lituanien.

THOMAS. – Italien ? Ah ! Moi, j'ai un cousin en Italie.

MAÏA. – Mais non ! Il n'est pas italien ; il est li-tu-a-nien ! Il vient de Lituanie ! Tu sais, c'est au nord de l'Europe, pas loin de la Russie.

ZOÉ. – Ah bon ? Mais tu parles super bien français !

ALEXEJ. – Oui, ma mère est française.

THOMAS. – Et tu habites où ?

ALEXEJ. – Maintenant, j'habite en France, à Lyon, comme vous ! Et vous ? Vous êtes français ?

RÉMI. – Ben... oui !

MAÏA. – Moi, je suis aussi d'origine marocaine.

ALEXEJ. – Et toi ?

ZOÉ. – Moi, ma grand-mère est suédoise.

RÉMI. – Et moi je suis lyonnais, d'origine lyonnaise !

1

Observe les documents

1 Observe les dessins. Tu connais des personnages ? Comment ils s'appellent ?

2 Observe le document 3 et associe.

a. Vilnius   1. la France
b. Marrakech   2. la Lituanie
c. Lyon   3. le Maroc

Tu comprends ?

3 Écoute le dialogue. Qui est-ce ?
a. Comment il s'appelle ?
b. Il est français ?

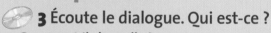

4 Écoute et associe.
a. Alexej est ...   1. ... d'origine marocaine.
b. La Lituanie n'est ...   2. ... français.
c. Maïa est ...   3. ... lituanien.
d. Rémi est ...   4. ... pas loin de la Russie.

français !

Lyon

Vilnius

3

Marrakech

Grammaire

L'accord des adjectifs de nationalité

5 Retrouve dans le dialogue le féminin ou le masculin de ces adjectifs.

Masculin	Féminin
lyonnais	lyonnaise
français	...
...	lituanienne
...	italienne
marocain	...
suédois	...

6 Observe le tableau et complète.

Beaucoup d'adjectifs de nationalité se terminent par :	
Masculin singulier / pluriel	**Féminin** singulier / pluriel
-ien / -iens	-ienne / -iennes
-ais	-aise / -aises
-ain / -ains	-aine / -aines
-ois	-oise / -oises
Consonne : allemand(s), espagnol(s)	Consonne + e : allemande(s), espagnole(s)
Attention : russe → russe(s)	

→ Entraîne-toi page 10.

a. Le père d'Alexej est lituan...

b. Les parents de Maïa sont maroc...

c. Zoé n'est pas suéd...

d. Maïa et Zoé sont franç...

Mes mots

7 Associe les personnages aux nationalités.

1. Il est...   **2.** Il est...   **3.** Il est...

4. Il est...   **5.** Il est...   **6.** Il est...

a. français **b.** russe **c.** lituanien **d.** marocain

e. italien **f.** suédois

À toi !

8 Pose des questions à un(e) camarade. Présente-le/la à la classe.

> Je te présente Léon, il a 13 ans, il est français d'origine russe. Il parle français et chien !

Spécial Europe

SPÉCIAL EUROPE !

Deux jeunes européens cherchent un correspondant pour parler français. Toi aussi, tu voudrais parler français avec un autre jeune ? Réponds à l'un des méls.

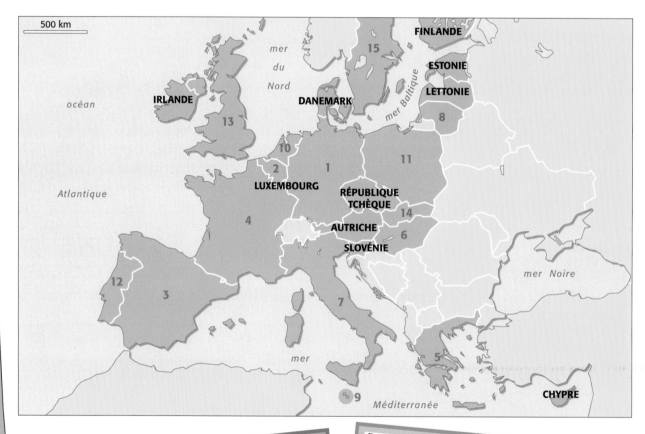

500 km

mer du Nord

FINLANDE

ESTONIE

mer Baltique

LETTONIE

IRLANDE

DANEMARK

15

océan

13

8

10

11

Atlantique

2

1

LUXEMBOURG

RÉPUBLIQUE TCHÈQUE

14

4

AUTRICHE

6

SLOVÉNIE

12

3

mer Noire

7

mer

5

Méditerranée

9

CHYPRE

De : Ana « ana@courriel.com »

Sujet : Je cherche un(e) correspondant(e).

Date : 09/09/2006

Salut !
Je m'appelle Ana et j'ai 12 ans. Je suis maltaise et j'habite à La Valette. À Malte, on parle maltais et anglais mais j'apprends le français à l'école. J'aime le tennis et la musique, et j'adore les vacances au Portugal chez mes cousins.
Tu connais mon pays ? C'est une île. C'est très beau. Toi aussi, tu parles français ? Présente-moi ton pays !
Salut,
Ana

1.

De : Juan Gomez « juan@mel.es »

Sujet : Parler français.

Date : 12/09/2006

Bonjour !
Moi, c'est Juan ! Je suis espagnol mais j'habite aux Pays-Bas, à Amsterdam. J'ai 13 ans et demi. Je parle espagnol et néerlandais, et j'aime bien parler français. Je cherche un(e) correspondant(e) pour écrire en français.
Mes activités préférées ? En Espagne, je joue au football, mais aux Pays-Bas, je fais du vélo !
À bientôt,
Juan

2.

Observe les documents

1 Observe la carte. Tu connais des pays de l'Union européenne ? Dis leur nom.

2 À ton avis, qu'est-ce qu'un « correspondant » ?
a. Un copain étranger qui t'écrit.
b. Un copain d'école.
c. Ton copain préféré.

Tu comprends ?

3 Lis les méls. Où habitent Ana et Juan ?

4 Vrai ou faux ?
a. Ana apprend l'anglais à l'école.
b. Ana va en vacances chez ses cousins.
c. Juan est espagnol.
d. Aux Pays-Bas, Juan fait du vélo.

Grammaire

Le genre des pays et les prépositions de lieu

5 Observe les méls et associe.
a. On parle maltais et anglais à...   1. ... Espagne.
b. Ana adore les vacances au...   2. ... Amsterdam.
c. Juan habite à...   3. ... Portugal.
d. Juan joue au football en...   4. ... Pays-Bas.
e. Juan fait du vélo aux...   5. ... Malte.

6 Observe le tableau et complète.

Les prépositions de lieu (où on est / où on va)		
À	+ ville → **à** Lisbonne	
	+ île → **à** Malte	
En	+ pays féminin → **en** France	
	+ pays commençant par une voyelle → **en** Iran	
	+ continent → **en** Europe	
Au	+ pays masculin → **au** Portugal	
Aux	+ pays pluriel → **aux** Pays-Bas	
	+ archipel → **aux** Baléares	

→ *Entraîne-toi page 10.*

a. Juan n'habite pas ... France.
b. Tu habites ... Espagne ?

c. Les grands-parents de Maïa habitent ... Maroc.
d. Amsterdam, c'est ... Pays-Bas ?
e. Elle habite ... Malte.

> **N'oublie pas !**
> pays féminin = pays se terminant par **-e** : **la France**.
> Exceptions : **le** Cambodge, **le** Mexique, **le** Mozambique, **le** Zimbabwe (noms masculins).

Mes mots

7 Retrouve les pays sur la carte.
La Grèce : **5**   L'Espagne : ...   La Slovaquie : ...
La Belgique : ...   La Pologne : ...   Le Royaume-Uni : ...
La France : ...   Le Portugal : ...   Malte : ...
L'Italie : ...   La Lituanie : ...   L'Allemagne : ...
Les Pays-Bas : ...   La Suède : ...   La Hongrie : ...

8 Retrouve les pays où on parle ces langues.

le français   l'allemand   le néerlandais   le suédois
l'anglais   l'espagnol   l'italien   le portugais

On parle français en France...

> **N'oublie pas !**
> on = nous
> Ma famille et moi, on habite aux Pays-Bas.
> on = les personnes en général
> À Malte, on parle maltais et anglais.

À toi !

9 Choisis un(e) correspondant(e) et réponds à son mél.

Salut, je m'appelle Léon, je suis français d'origine russe. En France, on aime le fromage, mais moi je déteste ça...

Atelier langue

L'accord des adjectifs de nationalité

1 Choisis l'adjectif correct.

Je suis néerlandais / néerlandaise / néerlandaises.

a.

Je suis marocain / marocaine / marocains.

b.

Nous sommes suédois / suédoise / suédoises.

c.

Nous sommes français / française / françaises.

d.

Je suis italien / italienne / italiens.

e.

Le genre des pays et les prépositions de lieu

2 Associe.

a. Le ...
b. La ...
c. L' ...
d. Les ...

1. France
2. Allemagne
3. Pays-Bas
4. Royaume-Uni
5. Belgique
6. Espagne
7. Portugal

---

3 Complète avec les prépositions *à, au, aux, en*.

◄ **a.** J'habite au Portugal.

b. Tu pars ... Allemagne ? ►

◄ **c.** Mon correspondant habite ... Pays-Bas.

d. Il est en vacances ... Malte. ►

◄ **e.** ... Royaume-Uni, on parle anglais.

4 Remets les phrases dans l'ordre.

a. France. / Alexej / en / habite
b. aux / Tu / Pays-Bas ? / pars
c. Belgique, / parle / français. / En / on
d. en / au / vacances / Maïa / Maroc. / va

Phonétique

[jɛ̃] / [jɛn] **et** [ɛ̃] / [ɛn]

5 Écoute et chante.

Litualiens, italiens, autrichiens, tous européens !
Marocaines, tunisiennes, égyptiennes,
Nous sommes africaines !
Êtes-vous lituaniens ou bien italiens ?
Nous sommes autrichiens, tous européens !
Vous êtes canadiens ? Ah, non ! Mexicains.
Et vous alors, vous êtes américains ?
Je suis marocaine, tu es tunisienne,
Elle est égyptienne, nous sommes africaines !

6 Écoute les exemples suivants.
Complète avec d'autres mots de la chanson.

Le son [ɛ̃]	Le son [jɛ̃]
a. américains, ...	**b.** italiens, ...
Le son [ɛn]	Le son [jɛn]
c. marocaine, ...	**d.** tunisienne, ...

7 Écoute et dis ce que tu entends.

a. lituanien / lituanienne
b. africain / africaine
c. américains / américaines
d. tunisiens / tunisiennes

LE MAG'

Jeu de piste

numéro 9

Où est la st

MAÏA. – Bon, question 3 : « Où est la statue du bœuf ? »

ZOÉ. – On peut demander à quelqu'un. Thomas... ? Rémi... ?

RÉMI. – Oh non ! pas moi... Les filles aussi peuvent demander !

ALEXEJ. – Bon, moi, je veux bien. Excusez-moi monsieur, vous pouvez nous aider ?

LE MONSIEUR. – Oui, qu'est-ce que vous cherchez ?

ALEXEJ. – Nous faisons un jeu de piste et nous voulons trouver la statue du bœuf. Regardez.

LE MONSIEUR. – Ah ! Elle est rue du Bœuf, ce n'est pas loin ! Allez tout droit et tournez à gauche... puis continuez tout droit jusqu'à la rue du Bœuf. C'est là !

ALEXEJ. – Tout droit, puis à gauche, puis à droite ?

LE MONSIEUR. – Non, tout droit, puis à gauche, puis tout droit. La statue est sur un immeuble, au coin de la rue.

ENSEMBLE. – Merci beaucoup monsieur, au revoir !

LE MONSIEUR. – Au revoir !

ZOÉ. – Merci Alex ! Tu vois Rémi, ce n'est pas difficile !

1

2

Observe les documents

1 Où sont Maïa, Zoé, Thomas, Rémi et Alexej ?

2 Observe le document 4. À ton avis, un jeu de piste c'est :
a. un jeu de questions dans la ville.
b. un jeu de cartes.   c. une visite de la ville.

Tu comprends ?

3 Écoute. Vrai ou faux ?
a. Rémi demande à quelqu'un où est la statue.
b. La statue du bœuf est rue du Bœuf.
c. La statue du bœuf est sur un immeuble.

4 Où est la statue du bœuf ? Écoute et choisis la bonne direction.
a. Allez tout droit puis tournez à gauche et tournez à droite.
b. Allez tout droit et tournez à gauche puis continuez tout droit.
c. Tournez à droite puis tournez à gauche et allez tout droit.

Grammaire

Les verbes « vouloir » et « pouvoir »

5 Associe.
a. Je veux bien.   1. = C'est possible...
b. On peut demander.   2. = On voudrait...
c. Nous voulons trouver la statue. 3. = C'est d'accord.

atue ?

JEU DE PISTE

Question 3 : Où est la statue du bœuf ?

4

3

Plan du Vieux-Lyon

rue Tramassac · rue du Boeuf · rue Bombarde · rue de la Bombarde · Saint-Jean · rue · Vous êtes ici · Palais de Justice · Cathédrale ST-Jean · Roland · quai Romain · LA SAÔNE

6 Observe le dialogue et complète le tableau.

	Le verbe *vouloir*	Le verbe *pouvoir*
Je	....	peux
Tu	veux	peux
Il/Elle/On	veut	...
Nous	...	pouvons
Vous	voulez	...
Ils/Elles	veulent	...

→ *Entraîne-toi page 16.*

N'oublie pas !
je veux / je peux + infinitif
Je **veux** trouver la statue.
Je **peux** demander à quelqu'un.

7 Écoute et retrouve la forme verbale que tu entends.
a. veulent – peuvent – veut
b. peut – pouvez – peuvent
c. veulent – voulons – voulez
d. veut – peux – veulent

Mes mots

8 Associe.
a. Une rue. → ...
b. Un immeuble. → ...
c. Une place. → ...
d. Le coin de la rue. → ...

N'oublie pas !
Prendre / Tourner à gauche ⬅
Prendre / Tourner à droite ➡
Aller / Continuer tout droit ⬆

À toi !

9 Devant la classe, choisis un lieu sur le document 3 et indique le chemin à un camarade. La classe devine la destination.

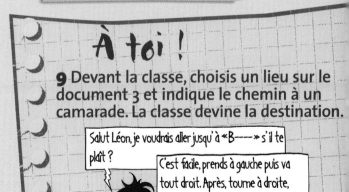

Salut Léon, je voudrais aller jusqu'à «B----» s'il te plaît ?

C'est facile, prends à gauche puis va tout droit. Après, tourne à droite, non, à gauche. Euh... Non, va tout droit...

Découvrez le

Découvrez le Vieux-Lyon !

C'est le quartier historique de Lyon, il est très ancien !

Visitez ses églises, ses vieilles rues et ses musées !

Découvrez Guignol ! C'est une marionnette très drôle, elle est très célèbre en France !

Passerelle « Saint-Vincent »

Ne partez pas sans manger des spécialités de la ville dans un restaurant traditionnel lyonnais : un « bouchon ».

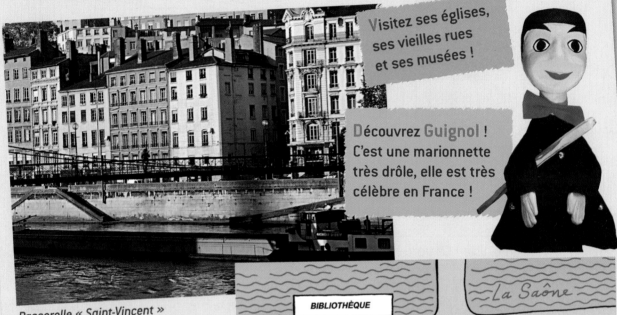

Goûtez aussi les « coussins ». Ce sont des bonbons au chocolat ; ils sont délicieux !

N'oubliez pas de visiter les « traboules », ce sont des rues secrètes ! Elles sont cachées entre les rues, dans les immeubles !

N'ATTENDEZ PAS ! Venez visiter ce magnifique quartier !

Vieux-Lyon

Observe les documents

1 Où peut-on trouver ce type de document ?

a. Dans un commerce.

b. À l'office du tourisme.

c. À l'école.

Tu comprends ?

2 Vrai ou faux ? Justifie tes réponses.

a. Le Vieux-Lyon est une ville.

b. Un « coussin » est un restaurant.

c. Dans le Vieux-Lyon, il y a des rues secrètes.

3 Réponds aux questions.

a. Qu'est-ce qu'on peut visiter dans le Vieux-Lyon ?

b. Comment s'appelle la marionnette célèbre de Lyon ?

c. Où sont les « traboules » ?

Grammaire

L'impératif négatif

4a Lis les textes et relève les sept verbes à l'impératif.

a. Découvrez   b. ...

4b Relève les verbes à l'impératif négatif. Où sont placés *ne* et *pas* ?

5 Dis le contraire.

a. Visitez ses églises ! → ...

b. N'attendez pas ! → ...

c. Venez visiter ce quartier ! → ...

d. Goûtez les bonbons au chocolat ! → ...

« C'est/Ce sont », « Il(s)/Elle(s) est/sont »

6 Complète.

	Qu'est-ce que c'est ?	Il(s)/Elle(s) est / sont comment ?
a. Le Vieux-Lyon	C'est le quartier historique de Lyon.	Il est très ancien.
b. Guignol	C'est...	Elle est...
c. Les coussins	Ce sont...	...
d. Les traboules	...	...

→ *Entraîne-toi page 16.*

Mes mots

7 Observe le plan. Où est-ce qu'on peut trouver ces objets ?

 1
A
...

 2
...

 3
...

 4
...

 5
...

 6
...

8 Observe le plan et situe les commerces.

 en face de

a. La cathédrale est à côté de...

b. Le métro est entre... et...

c. L'épicerie est en face du...

 *entre*

à côté de

À toi !

9 Choisis un lieu sur le plan. Ton (ta) camarade te pose des questions pour le trouver.

Est-ce que c'est à côté de l'épicerie ?

Non... Ce n'est pas à côté de l'épicerie...

Atelier langue

Les verbes « vouloir » et « pouvoir »

1 Complète avec : *veux – veut – voulons – veulent – pouvons – pouvez – peuvent.*

a. Bonjour, je ... aller place de la Baleine, vous ... m'aider, s'il vous plaît ?

b. Nous ... acheter un plan de la ville. Nous ... aller où, s'il vous plaît ?

c. Rémi ne ... pas demander le chemin.

d. Ils ne ... pas faire le jeu de piste ; ils détestent ça.

e. Maïa et Zoé ne ... pas prendre le bus ; elles n'ont pas de ticket.

2 Complète avec *vouloir* ou *pouvoir.*

a. Je ne ... pas trouver la rue, je vais demander à quelqu'un.

b. Bonjour, nous ... aller rue Saint-Jean. C'est où, s'il vous plaît ?

c. Alex, je ne vois pas la rue sur le plan : tu ... m'aider ?

d. « – Où est la statue ?
– Regarde, nous ... prendre à gauche puis tout droit, et la statue est là ! »

L'impératif négatif

3 Écris les interdictions à l'impératif.

a. → Ne mangez pas !   **b.** → ...

c. → ...   **d.** → ...   **e.** → ...

« C'est/Ce sont », « Il(s)/Elle(s) est/sont »

4 Complète avec *c'est* ou *il/elle est.*

a. ... la statue de M. Mourguet, l'inventeur de Guignol.

b. Tu connais Louis Lumière ? ... lyonnais.

c. J'adore Lyon, ... une très belle ville.

d. Voilà ma ville, ... grande.

e. Le Vieux-Lyon, ... le quartier historique de la ville.

f. ... ma copine, ... lyonnaise.

5 Associe.

a. C'est...   **b.** Ce n'est pas...   **c.** Ce sont...
d. Ce ne sont pas...

1. ... Michel et Françoise ; ils sont guides dans le Vieux-Lyon.

2. ... la capitale de la France, c'est la deuxième ville de France.

3. ... des Lyonnais : ils habitent à Marseille.

4. ... un Lyonnais très célèbre ; il s'appelle Antoine de Saint-Exupéry.

Phonétique

Les couples de voyelles *ai, au, eu, oi, ou*

 6 Écoute et chante.

À droite, à gauche, tout droit, tu vois ?
À droite, à gauche, tout droit, c'est là !
À droite, à gauche, tout droit, tu vois ? C'est là.
Ce sont de grands gourmands,
Ils mangent au restaurant,
Ils connaissent des jeux cool :
Ils aiment jouer aux boules.
Au foot ils sont champions !
Ils vivent dans le Vieux-Lyon.
Qui sont-ils, s'il vous plaît ?
Mais, ce sont les Lyonnais !

7 Classe les mots en couleur dans le tableau.

[ε]	[o]	[Ø]	[wa]	[u]
lyonnais	...	jeux	...	tout
...	...	...	...	...
...	...	...	...	...
...	...	...	...	...
...	...	...	...	...

8 Ajoute d'autres mots que tu connais dans le tableau.

Doc
Rendez-vous secret !

Illustration de Pascal Baltzer
© *Astrapi*, Bayard Jeunesse, 2001.

1 Observe les indications et trouve l'adresse du rendez-vous secret.

- *Tu es dans le parc, devant l'école.*
- *Sors du parc tout droit, boulevard Mac Adam.*
- *Tourne à droite, puis encore à droite.*
- *Va tout droit puis prends la rue Geuze.*
- *Tourne à droite et va jusqu'au boulevard.*
- *Tourne à gauche et continue tout droit, entre la pharmacie et les pompiers.*
- *Continue tout droit et passe entre le grand magasin et la police.*
- *Tourne à gauche, devant la police.*
- *Le rendez-vous est sur la place.*

2 Où est-ce qu'ils travaillent ? Situe sur le plan.

a. → Elle travaille à la ...   b. → Il ...   c. → Elle ...

3 Invente d'autres rendez-vous secrets et joue avec tes camarades.

Fais le point

Mes mots

La ville

Le coin de la rue
Un quartier
Un commerce
Une statue
Un immeuble
Une place
Une rue
Une église
Une boulangerie
Un restaurant
Une épicerie
Une bibliothèque
Une station de métro
L'office du tourisme

Localiser

Un plan
Un chemin
À gauche
À droite
Tout droit
Entre
En face de
À côté de
Jusqu'à
Tourner
Continuer
Prendre
Passer

Compréhension orale

1 Écoute et choisis le bon chemin.

a. Allez tout droit puis tournez à droite et continuez tout droit.

b. Tournez à gauche, puis allez tout droit puis tournez à droite.

c. Tournez à gauche puis tournez à droite, et continuez tout droit.

Compréhension écrite

2 Vrai ou faux ? Lis le texte et réponds aux questions.

La Part-Dieu est un quartier moderne de Lyon. C'est un quartier avec des cinémas et beaucoup de commerces. Il y a aussi des restaurants.
À côté des commerces, il y a la bibliothèque et, en face, la station de métro de la Part-Dieu.

a. La Part-Dieu est un vieux quartier de Lyon.

b. Il y a des cinémas et des restaurants à la Part-Dieu.

c. La station de métro est à côté des commerces.

d. La bibliothèque est en face de la station de métro.

Expression orale

3 Indique le chemin pour aller de **A** à **B**.

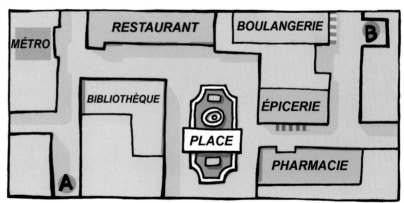

Expression écrite

4 Dessine un plan et écris les indications pour aller de chez toi / de l'arrêt du bus / de la station de métro à l'école.

LE MAG'

numéro 10

Aïe ! Ça fait mal !

Aïe ! Ça fait mal !

Ça ne va pas !

RÉMI. – Pff ! Je suis fatigué !
Quand est-ce qu'on arrive ?

ALEX.EJ. – J'en ai marre de marcher,
j'ai mal aux pieds ! Pourquoi
est-ce qu'on ne prend pas le bus ?

MAÏA. – Parce que marcher, c'est
bon pour la santé... Allez, courage
Alex !

RÉMI. – Vous n'êtes pas fatiguées ?
Mais comment vous faites ?

ZOÉ. – Salut Thomas ! Comment
va ta jambe ?

THOMAS. – Ça va. Ça va... Je sors
de l'hôpital demain. Rémi,
qu'est-ce que tu as ?

RÉMI. – J'ai chaud !

THOMAS. – Et toi, Alex ?

ALEX.EJ. – Moi, j'ai soif !

THOMAS. – Ah bon ? Pourquoi ?

MAÏA. – Ne t'inquiète pas,
Thomas, ils ne sont pas malades,
ils sont fatigués : un kilomètre
à pied, c'est dur !

RÉMI. – Ne rigolez pas, ce n'est
pas drôle !

ZOÉ. – Vous n'avez pas honte ?
Thomas ne peut pas marcher,
et vous, vous n'êtes pas contents
d'être debout !!

1

Observe les documents

1 Où vont Alex, Maïa, Rémi et Zoé ?

2 Quel est le problème de Thomas ?

Tu comprends ?

3 Écoute. Qu'est-ce qu'ils disent ? Associe.

J'ai chaud.   J'ai soif.   J'ai mal aux pieds.   Je suis fatigué.

a.   b.   c.   d.

1.   2.   3.   4.

4 Écoute et associe.

a. Maïa et Zoé ne sont pas...   1. chaud et soif.
b. Rémi et Alex ont...   2. marcher.
c. Rémi et Alex sont...   3. fatiguées.
d. Thomas ne peut pas...   4. fatigués.

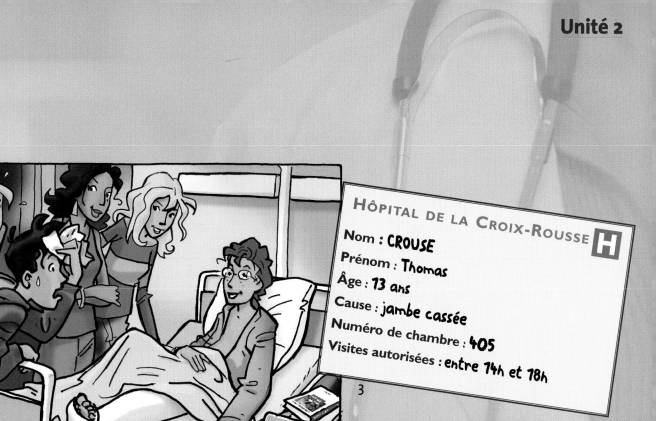

HÔPITAL DE LA CROIX-ROUSSE **H**

Nom : **CROUSE**
Prénom : Thomas
Âge : **13 ans**
Cause : jambe cassée
Numéro de chambre : **405**
Visites autorisées : entre **14h** et **18h**

3

Grammaire
Les mots interrogatifs

5 Observe les phrases et associe.

a. Pourquoi est-ce qu'on ne prend pas le bus ?
b. Quand est-ce qu'on arrive ?
c. Comment va ta jambe ?

1. Ça va.
2. Parce que marcher, c'est bon pour la santé.
3. Bientôt.

6 Complète avec les questions du dialogue.

Mot interrogatif	Mot interrogatif + *est-ce que/qu'*
On arrive quand ?	...
Pourquoi on ne prend pas le bus ?	...

→ *Entraîne-toi page 24.*

7 Transforme les questions.

a. Pourquoi il en a marre ? → **Pourquoi est-ce qu'il en a marre ?**
b. Ils vont arriver quand ? → ...
c. Pourquoi il est à l'hôpital ? → ...
d. Il sort quand de l'hôpital ? → ...

Mes mots

8 Complète avec les expressions de l'exercice 3.

a. Pourquoi tu ouvres la fenêtre ? → **Parce que j'ai chaud.**
b. Pourquoi tu ne marches pas ? → Parce que ...
c. Pourquoi tu veux une boisson ? → Parce que ...
d. Pourquoi tu vas te coucher ? → Parce que ...

9 Associe.

a. J'en ai marre ! → **2**
b. Je m'inquiète → ...
c. Je suis malade. → ...
d. Je rigole. → ...
e. J'ai honte. → ...

1 2 3 4 5

À toi !

10 Mime une sensation. La classe devine comment tu te sens et te demande pourquoi.

Pourquoi est-ce que tu rigoles ?

Parce que c'est drôle !

Ça fait mal !

LE **MAG'** 10

Test

Qu'est-ce que tu fais si tu as mal ?

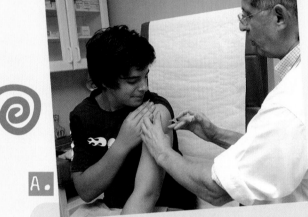

A.

1   2

3

4

5

6

B.

1. Tu vas chez le médecin :
- ◉ Si tu es très malade.
- ✚ Si tu as mal à la tête.
- ☆ Tu ne vas pas chez le médecin, tu te soignes tout seul.

2. Tu as mal au ventre.
- ◉ Tu prends un médicament.
- ☆ Ce n'est pas grave, tu guéris vite.
- ✚ Tu restes au lit.

3. Tu as le bras cassé.
- ☆ Super ! Tes copains écrivent sur ton plâtre !
- ◉ Ce n'est pas possible, tu fais toujours attention.
- ✚ Tu restes à la maison parce que tu as mal.

4. Dans ta famille, pour être en forme, vous choisissez :
- ☆ de faire du sport.
- ✚ de vous coucher tôt.
- ◉ de prendre des vitamines.

5. Au foot, tu reçois le ballon dans l'œil.
- ☆ Ce n'est pas grave, tu finis le match.
- ◉ Tu te laves les mains et tu soignes ton œil.
- ✚ Tu pleures et tu téléphones à ta mère.

Résultats

Maximum de ☆ :
Tu es malade ? Ce n'est pas grave ! Tu ne veux pas aller chez le médecin, tu préfères guérir tout seul ! C'est bien, mais fais attention à toi !

Maximum de ◉ :
Pour guérir, tu choisis de voir un médecin ou de faire attention. C'est bien ! Les petits bobos* guérissent si on se soigne !

Maximum de ✚ :
Tu n'aimes pas être malade, et si tu as un petit bobo*, tu pleures ! Ne t'inquiète pas ! Tes copains aussi peuvent t'aider !

* un petit bobo = un petit problème de santé

Observe les documents

1 C'est un test sur :

a. la santé. **b.** l'hôpital. **c.** le corps.

Tu comprends ?

2 Lis le test et choisis la réponse.

Avec le test, tu peux découvrir :

a. pourquoi tu es en forme.

b. pourquoi tu es malade.

c. comment tu te soignes si ça va mal.

3 Associe les photos A et B à une situation du test.

4 Réponds au test et lis les résultats.

Grammaire

Les verbes du 2e groupe

5 Observe la conjugaison du verbe *guérir* et complète le tableau.

Guérir		Choisir	Finir
Je	**guéris**	Je ... is	Je finis
Tu	**guéris**	Tu ...	Tu ...
Il/Elle/On	**guérit**	Il/Elle/On choisit	Il/Elle/On ...
Nous	**guérissons**	Nous ...issons	Nous ...
Vous	**guérissez**	Vous ...	Vous ...
Ils/Elles	**guérissent**	Ils/Elles ...	Ils/Elles ...

→ *Entraîne-toi page 24.*

 6a Écoute et vérifie tes réponses.

6b Comment se prononcent les terminaisons des trois premières personnes du singulier ?

« Si » + présent

7 Observe les phrases du test et classe-les dans le tableau.

a. Si tu as un petit bobo, tu pleures.

b. Si tu as mal à la tête, tu vas chez le médecin.

c. Tu prends un médicament si tu as mal au ventre.

d. Les petits bobos guérissent si on se soigne.

Si + Condition		Résultat
a. Si tu as un petit bobo,	→	tu pleures.
b. Si...	→	...
c. Si...	→	...
d. Si...	→	...

Mes mots

8 Observe la photo B et nomme les parties du corps.

a. le ventre ...   **c.** la tête ...   **e.** le bras ...

b. la main ...   **d.** l'œil/les yeux ...   **f.** le nez ...

9 Remets les mots dans l'ordre et associe.

a. l'aphitlô

b. el mdeicné

c. lse mdciatémnes

d. es sirgneo

e. rstree ua lti

1   2

3   4   5

À toi !

10 Dis où tu as mal, ton camarade trouve le remède.

> Qu'est-ce que je fais si j'ai mal au ventre ?

> Tu vas chez le médecin.

Atelier langue

Les mots interrogatifs

1 Associe pour former des questions.

a. Comment ...
b. Quand est-ce qu'...
c. Pourquoi ...

1. on arrive ?
2. on fait pour être en forme ?
3. ils sont fatigués ?
4. il sort de l'hôpital ?
5. il va ?
6. il est à l'hôpital ?

2 Pose la question.

a. – ... ?
– Parce qu'il est malade.
b. – ... ?
– Ça va bien, merci.
c. – ... ?
– Ils vont à l'hôpital en bus.
d. – ... ?
– Nous arrivons bientôt.

Les verbes du 2ᵉ groupe

3 Écoute et retrouve la forme verbale que tu entends.

a. finit / finissent
b. choisissent / choisissons
c. guérissez / guérissent
d. choisis / choisissez

4 Conjugue les verbes.

a. – Être malade ou vous soigner, qu'est-ce que vous (choisir) ... ?
– Je (choisir) ... de me soigner.
b. Si on va voir le médecin, on (guérir) ... vite.
c. Zoé et Maïa (choisir) ... d'aller à l'hôpital à pied.
d. Nous (finir) ... le match ?

« Si » + présent

5 Imagine les conditions ou les résultats.

a. *Si je suis malade, je vais chez le médecin.*
b. Si je suis fatigué, ...
c. Si ..., je guéris.
d. Si ..., ce n'est pas grave.
e. Si ..., je ne pleure pas.

Phonétique

[o] / [Ø] / [e]

6 Écoute et chante.

J'ai mal aux deux yeux, et j'ai mal au dos,
Comme c'est douloureux, les petits bobos !
Je ne suis pas courageux, je ne suis pas un héros !
Comme c'est douloureux, les petits bobos !

Regardez mon nez ! Comme il est tout bleu !
Je suis fatigué, je suis malheureux !
Mes petits bobos, ils sont trop nombreux !
Je suis fatigué, je suis malheureux !

C'est pas rigolo, j'ai le pied cassé
Je suis mal dans ma peau, je ne peux pas marcher !
Mes petits bobos, allez, guérissez !

7a Écoute et répète les trois sons :

a. [o] dos
b. [Ø] deux
c. [e] des

7b Écoute, répète et classe les mots dans le tableau.

a. deux
b. yeux
c. aux
d. courageux
e. peau
f. fatigué
g. guérissez
h. rigolo
i. marcher

[o]	[Ø]	[e]
...	**deux**, ...	...

8 Complète le tableau avec d'autres mots de la chanson.

BD
Franky Snow !

Frankie Snow, Tome 6,
Buche © Éditions Glénat.

1 Lis la BD et trouve la réponse.

a. Où est-ce qu'ils sont ?   b. Qu'est-ce qu'ils font ?
1. À la montagne.   1. Du vélo.
2. À la campagne.   2. Du ski.
3. À la mer.   3. Du snow-board.

2 Trouve dans la BD les mots pour dire :

a. Aïe ! = ...
b. Je suis... = ...
c. Bravo ! = ...

3 À ton avis, « c'est une mauviette » =

a. Il n'est pas courageux.
b. Il n'est pas content.
c. Il est en forme.

4 Complète avec la bonne couleur.

a. J'ai mal, j'ai des ...
b. Ça brûle, je suis ...
c. Je reçois quelque chose dans l'œil, j'ai un œil
   au beurre ...
d. Je suis malade, je suis ...

Civilisation

Viens à Paris !

PARIS EST LA CAPITALE DE LA FRANCE. MONTMARTRE, LE MARAIS ET BELLEVILLE SONT DES QUARTIERS CÉLÈBRES.

Tu veux découvrir la plus grande ville de France ? Fais la visite avec nous !

L'Arc de Triomphe

Montmar

Les Champs Élysées

Le Trocadéro

Le Parc des Princes

La Tour Eiffel

18

17

16

8

1

2

7

6

15

14

Paris plage

1

Le Louvre

2

La grande galerie de l'Évolution

3

La Cité des sciences
et de l'industrie

Le cimetière du Père-Lachaise

5

1 Associe les phrases aux photos.

a. Si vous aimez les animaux, vous allez adorer ce lieu !

b. L'été à Paris, c'est comme à la mer ! Vive les vacances au bord de la Seine !

c. Beaucoup de personnes célèbres dorment ici jour et nuit. C'est une visite très calme !

d. C'est l'ancienne maison des rois de France. Aujourd'hui, c'est un musée avec des statues et des tableaux très célèbres.

e. Ici, on peut jouer aux inventeurs, et voir des films dans un cinéma rond comme un ballon !

2 Observe le plan de Paris. Situe ces lieux célèbres.

a. Les Champs-Élysées.   **b.** Le Marais.

c. L'Arc de triomphe.   **d.** La place du Trocadéro.

Ex. : *Les Champs-Élysées ne sont pas loin du Louvre et...*

3 Lis le texte et retrouve l'itinéraire de la visite sur le plan de Paris.

Bienvenue à bord de notre bateau-mouche !

Commençons la visite : à gauche, voici le stade des princes du football, pour les fans de foot ! Continuons ; regardez tout droit, vous voyez la grande tour, symbole de Paris et de la France ? Vous savez comment elle s'appelle ?

Regardez à gauche... À Paris aussi, on peut aller à la plage ! Juste derrière, c'est le plus célèbre musée de France ! Un peu plus loin, devant nous, il y a une île ; nous allons nous arrêter pour visiter la cathédrale. Bon après-midi !

4 À toi ! Avec un camarade, présente une ville de ton pays.

Aïe ! Ça fait mal !

Fais le point

Mes mots

Les états d'âme et les sensations

Avoir mal
Avoir chaud
Avoir soif
Avoir honte
Être malade
Être en forme
Être fatigué(e)
Être content(e)
Pleurer
Rigoler
S'inquiéter
En avoir marre

Le corps

La tête
Le bras
La jambe
Le pied
Le ventre
L'œil/les yeux *(masc.)*
Le nez

La santé

Le médecin
Le médicament
Se soigner
Guérir
L'hôpital *(masc.)*

Les couleurs

Rouge
Vert(e)
Bleu(e)
Noir(e)

Compréhension orale

1 Écoute et réponds aux questions.

a. Est-ce qu'Élodie va bien ?

b. Pourquoi est-ce qu'Élodie ne peut pas aller à l'école ?

c. Est-ce que Louis va bien ?

Compréhension écrite

2 Lis le texte et réponds aux questions.

> Monsieur,
> Ma fille Anna ne peut pas aller à l'école aujourd'hui parce qu'elle est malade.
> Elle a mal au ventre et elle est très fatiguée.
> Elle va aller chez le médecin cet après-midi.
> Elle revient en classe demain si elle est en forme.
> Cordialement,
>
> Madame Berthot

a. À ton avis, à qui écrit Madame Berthot ?

1. Au professeur d'Anna.   **2.** Au médecin.   **3.** À l'hôpital.

b. Vrai ou faux ?

1. Madame Berthot est la mère d'Anna.

2. Anna va en classe cet après-midi.

3. Anna est en forme.

4. Anna va en classe demain si elle va bien.

Expression orale

3 Joue la conversation avec un(e) camarade.

Expression écrite

4 Ton copain n'est pas à l'école aujourd'hui. Écris un mél pour demander comment il va. Pose des questions sur sa santé.

> De : ...
> À : ...
> Objet : Des nouvelles
>
> Salut !
> Comment ça va ? Pourquoi...

LE MAG'

Plat du jour

numéro 11

Plat du jour

A la cafét'

La mère de Thomas invite Thomas et ses copains à la cafétéria.

LE SERVEUR. – Bonjour, qu'est-ce que vous voulez manger ?

RÉMI. – Bonjour, je voudrais du poisson et des légumes, s'il vous plaît.

MAÏA. – Et moi, j'aimerais du poulet et de la purée, s'il vous plaît.

ZOÉ. – Moi aussi !

ALEXEJ. – Vous avez de la soupe ?

LE SERVEUR. – Non, désolé, on n'a pas de soupe au déjeuner !

THOMAS. – De la soupe ? Beurk !

LA MÈRE DE THOMAS. – Thomas ! La soupe, c'est bon pour la santé, il y a beaucoup de vitamines !

THOMAS. – Moi, je préfère le steak-frites ! Et il est super bon ici !

ALEXEJ. – Bon, alors un steak-frites, pour moi aussi s'il vous plaît !

LA MÈRE DE THOMAS. – Pour le dessert, vous voulez un fruit, un yaourt, une glace ? Alex, tu veux goûter du bon fromage français ?

ALEXEJ. – Non merci, pas de fromage. En général, je mange du fromage au petit déjeuner.

THOMAS. – Du fromage au petit déj' et de la soupe à midi ? Oh, là, là ! Je n'aimerais pas aller manger chez toi !

ZOÉ. – Moi, je voudrais bien ! Bon appétit Alex !

ALEXEJ. – Merci !

1   2

Observe les documents

1 Où sont Thomas et ses amis ?
a. À la cantine.   **b.** Chez la mère de Thomas.   **c.** À la cafétéria.

2 Que font-ils ?
a. Ils prennent le petit déjeuner.   **b.** Ils déjeunent.   **c.** Ils dînent.

Tu comprends ?

 3 Écoute. Vrai ou faux ?
a. À la cafétéria, on peut manger de la soupe au déjeuner.
b. Le steak-frites de la cafétéria est très bon.
c. En France, avant de manger, on dit : « Bon appétit ! »

4 Écoute. Qu'est-ce qu'ils mangent ?

	Maïa	Zoé	Rémi	Thomas	Alex
Du poisson et des légumes.					
Du poulet et de la purée.					
Un steak-frites.					

Grammaire
L'article partitif

5 Observe le dialogue et complète avec : *du – de la – un – une – des.*

a. ... steak   **c.** ... poisson   **e.** ... soupe   **g.** ... fruit   **i.** ... yaourt
b. ... frites   **d.** ... poulet   **f.** ... fromage   **h.** ... glace

3

Aujourd'hui
11 h 30 – 14 h 30
Plats du jour :
Poisson et légumes 9,60 €

Steak-frites 8,50 €

Poulet et purée 8,50 €

4

6 Associe.

a. un poulet

b. du poulet

c. une glace

d. de la glace

1   2   3   4

7 Complète avec les mots de l'exercice 6.

Articles indéfinis		Articles partitifs		
On peut compter les unités.		C'est une partie d'un ensemble. On ne peut pas compter les unités.		
masculin	féminin	masculin	féminin	+ voyelle ou h
...	...	...	...	de l'eau

→ *Entraîne-toi page 34.*

N'oublie pas !
Attention !
J'aime la soupe ; je mange **de la** soupe.
Le fromage, c'est bon ; je mange **du** fromage.

8 Trouve les réponses dans le dialogue.
a. Vous avez de la soupe ? → ...
b. Tu veux goûter du bon fromage français ? → ...

N'oublie pas !
du, de la, de l' et un, une, des à la forme négative = pas... de
Je mange une glace / de la glace.
→ Je ne mange **pas de** glace.

Mes mots

9 Associe.
a. Je voudrais un steak avec de la purée et un fruit.
b. Je voudrais du poulet avec des légumes et un yaourt.
c. Je voudrais de la soupe, du fromage et un fruit.
d. Je voudrais du poisson avec des frites et du fromage.

1   2   3   4

À toi !

10 Avec un camarade, imagine un dialogue à la cafétéria.

Bonjour, qu'est-ce que vous voulez manger ?

Vous avez des os, s'il vous plaît ?

Ah non, désolé, on n'a pas d'os au déjeuner !

Bien manger

INTERVIEW

Bien manger à pour être en forme !

Pour être en forme, il est important de bien manger et de faire du sport ! Un spécialiste répond aux questions des journalistes du *Mag'*.

Qu'est-ce qu'une bonne alimentation ?

Bien manger, c'est manger un peu de tout, mais pas trop. C'est important de manger des fruits, des légumes, de la viande, du lait, des céréales, du sucre...

Ce n'est pas mauvais de manger du sucre ?

Non, c'est nécessaire ! Si vous mangez trop de sucre et si vous buvez beaucoup de sodas, vous grossissez, mais si vous mangez un peu de tout, pas de problème.

Combien de repas par jour est-ce que vous conseillez ?

Vous êtes jeunes et vous avez besoin d'énergie ! Quatre repas par jour c'est bien : un petit déjeuner, un déjeuner, un goûter (avec un fruit ou un jus de fruits et du pain ou des biscuits) et un dîner.

Comment faire pour être en forme ?

Le petit déjeuner est très important. Si vous ne mangez pas assez le matin, vous êtes fatigués toute la journée. Et buvez assez d'eau : 1 litre par jour.

Dans le menu de la journée idéale, il y a aussi un peu de sport ! Aller à l'école à pied ou à vélo, jouer avec les copains à la récré, c'est aussi important !

Par Maïa et Zoé

pour être en

Observe les documents

1 L'homme interrogé est :
a. médecin.   **b.** professeur.   **c.** sportif.

2 Observe les documents. Trouve le sujet de l'interview.

Tu comprends ?

3 Lis le document 2. Vrai ou faux ?
Pour être en forme...
a. Ne mangez pas de sucre.
b. Buvez beaucoup de soda.
c. Mangez un peu de tout et faites du sport.
d. Mangez bien le matin.

4 L'homme interrogé conseille combien de repas par jour ? Nomme-les.

Grammaire

Les adverbes de quantité

5 Lis le texte et complète les phrases.
a. Bien manger, c'est manger ... tout.
b. Si vous mangez ... sucre, vous grossissez.
c. Si vous buvez ... de sodas, vous grossissez.
d. Buvez ... eau.

6 Comment mange Rémi ? Associe.
a. Il ne mange pas.   **d.** Il mange assez.
b. Il ne mange pas assez.   **e.** Il mange beaucoup.
c. Il mange un peu.   **f.** Il mange trop.

1   2   3

4   5   6

> **N'oublie pas !**
> adverbe de quantité + **de** + nom
> Je mange **trop** de viande, un **peu** de légumes, **beaucoup** de pain.
> Je ne bois pas **assez** d'eau.

→ Entraîne-toi page 34.

La question avec « combien »

7 Choisis les réponses possibles.
Vous faites combien de repas par jour ?
a. Trois ou quatre.   **c.** Tous les jours.   **e.** Cinq.
b. À midi.   **d.** Beaucoup.   **f.** Pas assez.

8a Retrouve dans le texte la question pour dire :
Vous conseillez combien de repas par jour ? = ...

8b Transforme ces phrases de la même manière.
a. Vous mangez combien de fois par jour ? → ...
b. Tu bois combien de litres d'eau par jour ? → ...

> **N'oublie pas !**
> Combien + **de** + nom.
> Tu manges combien **de** fois par jour ?

→ Entraîne-toi page 34.

Mes mots

9 Observe le document 1 et retrouve les aliments.
a. le pain : 6   **f.** les biscuits : ...
b. le lait : ...   **g.** le beurre : ...
c. les céréales : ...   **h.** le jus de fruits : ...
d. l'eau : ...   **i.** la viande : ...
e. le soda : ...   **j.** le sucre : ...

À toi !

10 Compose ton menu idéal. Compare avec ton/ta camarade.

Mon menu idéal, c'est beaucoup de viande, un peu de fromage, des gâteaux, pas de légumes !

Atelier langue

L'article partitif

1 Complète les phrases.

a. Je mange du ... au déjeuner.

1. poulet   **2.** soupe   **3.** légumes

b. Nous voudrions de la ..., s'il vous plaît.

1. fromage   **2.** frites   **3.** soupe

c. Pour le dessert, vous voulez de la ... ?

1. fruits   **2.** yaourt   **3.** glace

2 Complète avec *un, une, des, le, la, du, de la* ou *de*.

a. Le matin, Zoé mange ... croissant.

b. Maïa n'aime pas ... poisson, elle préfère manger ... poulet.

c. Tu préfères manger ... fruits ou ... yaourt ?

d. À la cafétéria, il n'y a pas ... soupe au déjeuner.

e. En France, on mange ... fromage tous les jours.

f. Alex adore ... soupe, il mange ... soupe au déjeuner et au dîner.

3 Mets les phrases à la forme négative.

a. Je mange du fromage. → *Je ne mange pas de fromage.*

b. Thomas aime les frites. → ...

c. Maïa mange du poulet. → ...

d. Rémi préfère le poisson. → ...

e. Vous mangez du fromage avant le dessert. → ...

Les adverbes de quantité

4 Associe.

a. Je fais un repas par jour.

b. Je bois dix sodas par jour.

c. Je mange juste un fruit et un yaourt au petit déjeuner.

d. Thomas mange deux steaks-frites !

C'est trop !   C'est beaucoup !

Ce n'est pas assez !   C'est peu !

La question avec « combien »

5 Réponds aux questions.

a. Tu as combien de frères et sœurs ? → *J'ai un frère et une sœur.*

b. Tu manges combien de fois par jour ? → ...

c. Tu fais combien d'heures de sport par semaine ? → ...

d. Il y a combien d'élèves dans ta classe ? → ...

6 Trouve les questions.

a. *Tu bois combien de litres d'eau par jour ?* → Je bois un litre d'eau par jour.

b. ... ? → Je vais au collège cinq fois par semaine.

c. ... ? → Je pratique deux sports : le football et le vélo.

d. ... ? → Il y a quatre personnes dans ma famille.

Phonétique

Le son [R]

7 Écoute et retrouve les phrases que tu entends.

a. Tu es fort ! / Tu es folle !

b. Prends le bol. / Prends le bord.

c. Regarde, c'est Jérôme ! / Regarde ce jeune homme !

d. Il prend sa veste. / Il pend sa veste.

e. C'est court ! / C'est cool !

f. Sophie rit. / Sophie lit.

8 Écoute et chante.

Un plat du jour, steak-frites,
Fromage, yaourt ou bien fruits.
Viens, sers-toi un bon repas,
Tu n'as rien à préparer.

Entre à la cafétéria,
Qu'est-ce que tu voudrais manger ?
Viens, sers-toi un bon repas,
Tu n'as rien à préparer.

Je prends un verre de soda
Du fromage et en dessert
Une crêpe au sucre j'adore ça !
C'est vraiment ce que je préfère !

Doc La recette des crêpes

Ingrédients

125 g de farine

 2 œufs

25 cl de lait

 4 cuillères à soupe de beurre fondu

un peu de sel

Préparation

---

1 Associe.

a. une cuillère   d. verser
b. un fouet   e. ajouter
c. une poêle   f. mélanger / fouetter

1   2   3

4   5   6

2 Associe les instructions aux photos.

a. Ajoute encore un peu de lait. Mélange bien avec un fouet.
b. Ajoute le beurre et mélange. La pâte à crêpes est finie !
c. Après 1 minute, retourne la crêpe et chauffe l'autre côté.
d. Répartis la pâte à crêpes dans la poêle.
e. Mélange la farine, le sel, les œufs et le lait.
f. Mets un peu de beurre dans la poêle et verse deux cuillères de pâte à crêpes.

Ex. : e. ①

3 Qu'est-ce que tu peux mettre dans ta crêpe ?

Du beurre – de la confiture – des frites – du chocolat – du fromage – de la soupe – des fruits – du pain –   du yaourt ?

Maintenant, tu peux faire des crêpes chez toi !

Fais le point

DELF
A 1

Mes mots

Les aliments

Le poisson
Le poulet
Un steak
Les légumes
Les frites
La purée
Un yaourt
Le fromage
La soupe
Un fruit
Une glace
L'eau
Le pain
Le soda
La viande
Le lait
Un biscuit
Les céréales
Le jus de fruits
Le sucre
Le beurre

Les repas

Le petit déjeuner
Le déjeuner
Le goûter
Le dîner
Boire
Manger

Les quantités

Du / de la / de l' / un / une /des
Pas (de)
Pas assez (de)
Un peu (de)
Assez (de)
Beaucoup (de)
Trop (de)

Compréhension orale

 1 Écoute et trouve la réponse.

a. Au petit déjeuner, Alexej mange :

1. du pain. **2.** des céréales. **3.** des fruits.

b. Il boit :

1. de l'eau. **2.** du jus de fruits. **3.** des sodas.

c. Au déjeuner, Alexej mange :

1. du poisson. **2.** de la viande. **3.** des légumes.
4. de la soupe. **5.** du fromage. **6.** des frites.

d. Au dîner, Alexej mange :

1. de la viande. **2.** un steak. **3.** de la soupe.
4. des légumes. **5.** du fromage. **6.** du pain.

Compréhension écrite

2 Lis la recette et réponds aux questions.

LE PAIN PERDU

Pour 3 ou 4 personnes
Ingrédients :
– du …
– 25 cl de …
– 3 …
– 5 cuillères de …
– un peu de …

1. Mélange le lait, les œufs et le sucre.
2. Mets le pain dans le mélange. Attends trois minutes.
3. Fais chauffer le beurre dans une poêle.
4. Fais chauffer les tranches de pain dans la poêle.
5. Après une minute, retourne le pain et fais chauffer l'autre côté une minute.

a. Complète la liste des ingrédients.
b. Associe les dessins à deux phrases de la recette.

Expression orale

3 Observe les dessins. Qu'est-ce qu'ils mangent et boivent ?

a. b.

Expression écrite

4 Décris les différents repas de ta journée.

LE MAG'

Unité 4

numéro 12

Télé = Réalité ?

Dans ce numéro :
Le mercredi après-midi
des ados français.
pp. 44-45

Voici les parents de Magali !

Télé = Réalité ?

Hier à la télé

RÉMI. – Vous avez regardé la *Star Academy* hier soir ? J'ai adoré !

ZOÉ. – Toi, Rémi ? Tu regardes la *Star Academy* ?!

ALEXEJ. – C'est quoi la *Star Academy* ?

ZOÉ. – Tu ne connais pas ?

ALEXEJ. – Non, je n'ai pas de télévision.

ZOÉ. – Ah bon ? Et bien, la *Star Ac'* c'est une émission de télé-réalité. Si tu veux être chanteur, tu peux participer.

THOMAS. – Moi la télé-réalité, je trouve ça nul ! Hier, j'ai regardé *Friends*, c'est ma série préférée !

MAÏA. – Et pourquoi tu n'as pas de télé, Alex ?

ALEXEJ. – Parce que mes parents ne veulent pas. La télé, ils trouvent ça bête.

MAÏA. – Mais si tu n'as pas de télé, comment tu peux connaître les actualités ?

ALEXEJ. – J'écoute la radio, je lis les journaux et puis je surfe sur Internet. Hier, j'ai discuté en ligne avec des copains lituaniens !

RÉMI. – Oui, mais la télé, c'est plus facile pour s'informer.

ALEXEJ. – Oui, mais tu ne peux pas discuter avec ta télé !

1

Observe les documents

1 Observe le document 3. Qu'est-ce que c'est ?
a. Un emploi du temps.
b. Un magazine sur les stars.
c. Un programme de télévision.

Tu comprends ?

 2 Écoute et choisis la bonne réponse.
a. Qu'est-ce que la *Star Academy* ?
1. Une série.   2. Une émission de télé-réalité.   3. Des actualités.

b. Pourquoi est-ce qu'Alex n'a pas de télé ?
1. Parce que ses parents ne veulent pas.   2. Parce qu'il trouve ça bête.
3. Parce qu'il n'aime pas ça.

 3 Qu'est-ce qu'ils ont fait hier soir ? Écoute et associe.
a. Thomas   1. Il a regardé une émission à la télé.
b. Rémi   2. Il a regardé sa série préférée.
c. Alex   3. Il a parlé avec des copains sur Internet.

Grammaire

Le passé composé avec « avoir »

4 Observe les phrases du dialogue et classe-les dans le tableau.
a. Vous avez regardé la *Star Academy* hier soir ?
b. Tu regardes la *Star Academy* ?
c. J'ai adoré.

t f1 20 h 50
Télé-réalité
Star Academy

france 2 20 h 50
Série américaine
Friends

3

d. J'écoute la radio.
e. J'ai joué à des jeux sur Internet.

Passé (hier ou avant)	Présent
a. Vous avez regardé la Star Academy hier soir ? ...	**b. Tu regardes la Star Academy ?** ...

→ *Entraîne-toi page 42.*

5 Trouve dans le dialogue les verbes au passé composé. Donne leur infinitif.
a. Vous avez regardé.→ **regarder**
b. ... → ...

6 Observe les participes passés de l'exercice 5. Quelle est la différence avec l'infinitif ?

N'oublie pas !
Le passé composé
Verbe **avoir** (présent) + **participe passé**
J'ai/Tu as ... + regardé.
Nous avons regardé la télé.

 7 Écoute. Lève le panneau A si tu entends le présent et le panneau B si tu entends le passé composé.

Mes mots

8 Tu connais les médias ? Associe.
a. la télévision **b.** un journal **c.** Internet **d.** la radio

1   2   3   4

9 Complète les phrases avec :
les actualités – une série – une émission.
a. Hier, j'ai regardé ... sur les animaux.
b. *Friends* ? C'est ... américaine.
c. Pour connaître les nouvelles du monde, je regarde ...

À toi !

10 Raconte à un(e) camarade ce que tu as fait hier soir. Il/elle raconte ta soirée à la classe.

Qu'est-ce que tu as fait hier soir, Léon ?

Hier soir, j'ai dîné avec mon cousin Idéfix et après, on a regardé la Chien Academy ...

Infos dingos !

LE MAG'12

Voici des infos incroyables mais vraies ! Toi aussi tu as vu ou lu des informations insolites à la télé ou dans les journaux ?

a. **Fan de télé !**

1 Un Australien a fait une découverte géniale ! Il a trouvé comment produire de l'électricité avec des bananes. Les producteurs de bananes sont très contents !

2 Cinquante-sept filles de 13 à 18 ans ont perdu connaissance devant un chanteur d'« Operación triunfo » (*Star Ac'* espagnole). Elles n'ont pas pu avoir d'autographe !

b. **FANS À L'HÔPITAL**

c. **SPIDER-MAN À HONGKONG**

3 La semaine dernière, un homme appelé le "Spider-Man" français, a réussi un exploit. Il a escaladé un immeuble de Hongkong. Heureusement, il n'a pas eu d'accident !

4 Hier soir, une fillette de 8 ans a enfermé sa mère dans sa chambre pour regarder la télévision en paix. Elle a pris la clé et n'a pas voulu ouvrir la porte. Ce matin, la police a cassé la porte et a libéré la mère !

d. **LE SECRET DES BANANES**

Envoie tes informations insolites au *Mag'*, rubrique « Infos Dingos ».

Observe les documents

1 À ton avis, qu'est-ce qu'une « info dingo » ?

a. Une information sur le monde.

b. Une information incroyable et drôle.

c. Une information fausse.

Tu comprends ?

2 Lis les documents. Associe les titres aux informations.

3 Vrai ou faux ?

a. Les bananes peuvent produire de l'électricité.

b. 57 filles ont eu un autographe d'une star de la *Star Ac'* espagnole.

c. On a trouvé le vrai Spider-Man sur un immeuble à Hongkong.

d. Une mère a enfermé sa fille de 8 ans pour regarder la télé.

Grammaire

Les participes passés irréguliers

4 Retrouve dans les textes les participes passés des verbes.

a. Voir → **vu**   **d.** Perdre → ...   **g.** Prendre → ...

b. Lire → ...   **e.** Pouvoir → ...   **h.** Vouloir → ...

c. Faire → ...   **f.** Avoir → ...

 **5** Écoute et associe.

a. ...

b. ...

c. ...

d. ...

La négation au passé composé

6a Retrouve dans les textes le contraire des phrases suivantes.

a. Elles ont pu avoir un autographe. → **Elles n'ont pas pu avoir d'autographe.**

b. Il a eu un accident. → ...

c. Elle a voulu ouvrir la porte. → ...

6b Où se placent *ne* et *pas* au passé composé ?

Mes mots

7 Associe.

Nous sommes le 27 février.

a. Le 27 février, 8 h. = ...   **1.** Hier.

b. Le 26 février. = ...   **2.** Ce matin.

c. Le 26 février à 20 h. = ...   **3.** La semaine dernière.

d. Le 20 février. = ...   **4.** Hier soir.

N'oublie pas !	
Hier	**Aujourd'hui**
Hier matin	Ce matin
Hier après-midi	Cet après-midi
Hier soir	Ce soir

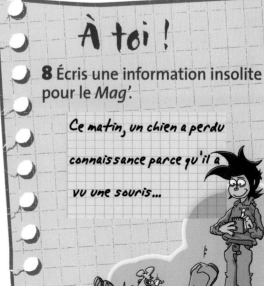

À toi !

8 Écris une information insolite pour le *Mag'*.

Ce matin, un chien a perdu connaissance parce qu'il a vu une souris...

Télé = Réalité ?

Atelier langue

La passé composé avec « avoir »

1 Conjugue les verbes au passé composé.
a. Ce matin, nous ... (écouter) les informations à la radio.
b. Maïa et Zoé ... (chercher) des informations sur Internet à la MJ.
c. Vous ... (gagner) au jeu *Qui veut gagner des millions* !
d. On ... (parler) de la MJ à la télé !
e. Tu ... (aimer) l'émission ?
f. J'... (détester) le film d'hier soir.

2 Trouve les verbes et fais des phrases au passé composé.

 a. jouer → il a joué avec ses copains.

 b. ... → ...

 c. ... → ...

 d. ... → ...

Les participes passés irréguliers

3 Décode les messages. Retrouve les participes passés et les infinitifs.
a. Vousavezvulematchdefootàlatéléhiersoir ? → vu (voir)
b. Ilsontfaituneémissionsurlesjeunes. → ...
c. Vousavezpuregarderlefilm ? → ...
d. Ellesonteuunaccidentdevoiture ! → ...
e. J'ailuunarticleincroyable ! → ...

La négation au passé composé

4 Remets les phrases dans l'ordre.
a. télévision / Je / pas / n' / regardé / la / hier. / ai
b. journaux. / a / On / lu / pas / les / n'
c. pas / avons / la / pris / de / Nous / photos / star. / de / n'
d. as / Tu / l'/ vu / pas / hier / n'/ émission / soir ?

5 Transforme au passé composé.
a. Zoé ne peut pas utiliser Internet. → **Zoé n'a pas pu utiliser Internet.**
b. Tu ne lis pas les journaux. → ...
c. Rémi ne veut pas regarder les informations. → ...
d. Nous n'avons pas d'autographe de Madonna. → ...
e. Il ne réussit pas son exploit. → ...

Phonétique
Les graphies du [e]
 6 Écoute et chante.
Lire ou bien écouter,
Regarder ou surfer,
Qu'est-ce que vous préférez
Pour bien vous informer ?

Qu'est-ce que vous regardez
Le soir à la télé ?
Les actualités
Ou les séries branchées ?

Et mercredi dernier,
Vous avez bien aimé
Les jeux télévisés
À l'heure du déjeuner ?

7 Classe les mots en couleur dans le tableau. Comment s'écrit le son [e] ?

é -és -ées	-ez	-er	-es	et
...	regardez	...	...	...

42
quarante-deux

BD
Je passe à la télé !

Extrait de *La Smala*, Tome 2,
M. Paulo et T. Robberecht
© Casterman S.A.

1 Magali passe à la télé dans :
a. une émission sur les parents.
b. un jeu.
c. une émission pour les jeunes chanteurs.

2 Les vrais parents de Magali :
a. passent à la télé.
b. n'ont pas le look pour passer à la télé.
c. ne veulent pas passer à la télé.

3 Trouve dans la BD les mots pour dire :
a. J'ai dit. = … **b.** J'ai donné. = … **c.** Passer à la télé. = …

4 Choisis un verbe et complète au passé composé.
voir – prévenir – inviter – faire – annoncer – regarder

Magali passe à la télé. Les parents de Magali … tous les voisins, et son frère … la nouvelle à ses copains. Ils … l'émission et ils … Magali chanter. La présentatrice … un cadeau à Magali : elle … ses parents sur le plateau. Mais ce ne sont pas ses vrais parents !!!

Vive le mercredi !

LE MERCREDI APRÈS-MIDI, LES ADOLESCENTS FRANÇAIS NE VONT PAS AU COLLÈGE. ILS RESTENT À LA MAISON OU FONT DIFFÉRENTES ACTIVITÉS.

Quatre jeunes Français présentent leurs activités du mercredi après-midi.

Le mercredi après-midi, comme je suis seule à la maison, j'aime bien aller chez ma voisine Laurine : on lit des magazines et on discute dans sa chambre. Vers 16 heures, on prépare un super goûter (des gaufres, des tartines de Nutella...). On est très gourmandes !

AMÉLIE, 13 ans et demi

1

Moi, le mercredi, mes parents travaillent, alors je déjeune chez ma grand-mère. Elle fait toujours des pâtisseries orientales. J'adore ça ! De 15 h 30 à 17 h, je vais au cours de dessin à la Maison des Jeunes, et juste après, c'est le cours de danse hip-hop. On prépare un spectacle pour la Fête de la musique de la MJ.

MEDHI, 12 ans et demi

2

3

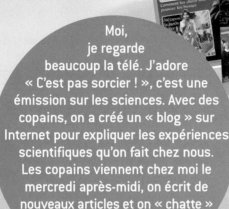

> Moi, je regarde beaucoup la télé. J'adore « C'est pas sorcier ! », c'est une émission sur les sciences. Avec des copains, on a créé un « blog » sur Internet pour expliquer les expériences scientifiques qu'on fait chez nous. Les copains viennent chez moi le mercredi après-midi, on écrit de nouveaux articles et on « chatte » avec d'autres passionnés de sciences.

5

LÉO, 13 ans

> Le mercredi après-midi, je n'ai pas beaucoup de temps libre, je fais beaucoup d'activités : je vais au judo de 14 h à 15 h. Je suis ceinture jaune ! De 17 h à 18 h, je prends des cours de violon au conservatoire de musique. On va faire un concert à la fin de l'année alors on travaille beaucoup. Et entre le judo et le violon, je fais mes devoirs !

6

CAMILLE, 14 ans

MERCREDI
france 3 · 17 h 30 · C'est pas sorcier !

7

1 Associe les portraits des jeunes aux photos d'activités et fais des phrases.

a. Amélie : **5** ; *Amélie lit des magazines avec sa voisine Laurine.*

b. Léo : ... ; ...   c. Medhi : ... ; ...   d. Camille : ... ; ...

2 Classe les différentes activités dans le tableau.

Activités à faire à la maison	Activités artistiques	Activités sportives
Créer un blog, ...	...	...

3 Retrouve dans les textes :

a. trois choses qu'on peut manger au goûter.

b. le nom d'une école de musique.

c. le nom du travail scolaire fait à la maison.

d. deux mots pour dire « parler ».

4 Et toi ? Qu'est-ce que tu fais quand tu ne vas pas à l'école ? Présente tes activités à la classe.

Fais le point

DELF A2

Compréhension orale

1 Écoute. Vrai ou faux ?
a. Hugo est fatigué parce qu'il a regardé le film *Harry Potter* hier soir.
b. Hugo a adoré *Harry Potter*.
c. Emma n'a pas regardé la télé.
d. Emma n'aime pas les émissions de télé-réalité.

Compréhension écrite

2 Lis le texte. Vrai ou faux ?

Un singe à la télé !
En Russie, une émission d'actualités a choisi un singe comme présentateur. En réalité, le singe est avec un homme qui parle pour interviewer les invités.

a. Un singe présente une émission de télévision russe.
b. C'est une émission de télé-réalité.
c. Le singe n'est pas tout seul pour faire les interviews.
d. Le singe peut parler.

Expression orale

3 Qu'est-ce que tu as fait le week-end dernier ?

Expression écrite

4 Observe la BD. Qu'est-ce que Jo et Annette ont fait hier ?

a.

b.

c.

d.

Hier, Jo et Annette ont...

LE MAG'

Enquête !

Au voleur !

ALEXEJ. – Oh, là, là ! Zoé, pourquoi tu es en colère ?

RÉMI. – Tu connais Zoé, elle est toujours de mauvaise humeur...

ZOÉ. – Mais non, c'est parce que quelqu'un a volé mon portable !

MAÏA. – Tu es sûre ?

ZOÉ. – Oui ! Je suis partie en retard. J'ai pris le métro. Après, j'ai voulu téléphoner mais je n'ai pas trouvé mon portable !

MAÏA. – Tu as bien cherché ?

ZOÉ. – Oui, j'ai déjà regardé deux fois dans mon sac...

ALEXEJ. – Et tu n'as rien enlevé de ton sac hier ?

ZOÉ. – Non, je n'ai rien changé.

RÉMI. – Tu n'as vu personne toucher à ton sac dans le métro ?

ZOÉ. – Si ! J'ai vu une fille bizarre. Elle a poussé mon sac pour rentrer dans le métro, c'est peut-être elle la voleuse ! Je vais aller voir la police !

THOMAS. – Attends Zoé, je vais appeler sur ton téléphone.

RÉMI. – Zoé... Ça sonne. Ce n'est pas dans ta poche ?

ZOÉ. – Euh... Si... C'est mon portable !

MAÏA. – Tu vois, n'accuse jamais quelqu'un sans preuves !

ALEXEJ. – Et si tu cherches bien, tu trouves !

1

2

Observe les documents

1 À ton avis, quel est le problème de Zoé ?

2 Observe le document 4. Un voleur c'est un homme qui...
a. surveille ses affaires.   b. prend les affaires d'une autre personne.
c. prend le métro.

Tu comprends ?

3 Écoute. Pourquoi est-ce que Zoé est en colère ?
a. Parce qu'elle est partie de la maison en retard.
b. Parce que quelqu'un a volé son portable.
c. Parce qu'elle a vu une fille bizarre dans le métro.

4 Écoute. Vrai ou faux ?
a. Zoé est toujours de bonne humeur.
b. Quelqu'un a volé le portable de Zoé.
c. Zoé a regardé dans son sac.
d. Le portable de Zoé est dans sa poche.

Grammaire

La négation avec « rien », « jamais », « personne » et les adverbes « déjà » et « toujours »

5 Observe le dialogue et trouve le contraire de ces phrases.
a. J'ai changé quelque chose. → ...
b. Tu as vu quelqu'un toucher à ton sac ? → ...
c. Elle n'est jamais de mauvaise humeur. → ...

3

ATTENTION AUX VOLEURS DANS LE MÉTRO !

Bip! Bip!

SURVEILLEZ VOS AFFAIRES !

4

6a Associe.

a. J'ai déjà pris le métro.

b. Je prends toujours le métro.

c. Je n'ai jamais pris le métro.

1. Je prends le métro tous les jours.

2. J'ai pris le métro avant aujourd'hui.

3. Je n'ai pas pris le métro une seule fois dans ma vie.

6b Associe les contraires.

a. Je ne prends jamais le métro. ≠

b. Je n'ai jamais pris le métro.

1. J'ai déjà pris le métro.

2. Je prends toujours le métro.

> **N'oublie pas !**
> ne... rien, ne... personne
> et ne... jamais se placent comme ne... pas.
> Je ne vois rien.
> Je ne vois pas.

Oui / Si

7a Observe le dialogue et associe.

a. Tu es sûre ?

b. Tu as bien cherché ?

c. Tu n'as vu personne toucher à ton sac ?

d. Ce n'est pas dans ta poche ?

1. Oui.

2. Si.

7b Quand est-ce qu'on utilise *si* à la place de *oui* ?

Mes mots

8 Complète avec les mots suivants :
voleur – a volé – police – a accusé – preuves.

Quelqu'un ⬛ l'ordinateur de la MJ ! La ⬛ a trouvé des ⬛ et ⬛ un homme. Le ⬛ s'appelle monsieur Rapetou.

À toi !

9 Ton / ta camarade a perdu ses clés. Pose-lui des questions et joue la scène devant la classe.

Tu es sûr ? Elles sont peut-être dans ton sac ? Tu as regardé ?

Quelqu'un a volé mes clés !

LE **MAG'13**

ÉNIGME

Vol au château !

Lis le récit policier et trouve le coupable.

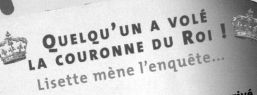

QUELQU'UN A VOLÉ LA COURONNE DU ROI !

Lisette mène l'enquête...

Enfin, le jour de la sortie de classe est arrivé ! Nous sommes partis à huit heures du matin avec notre professeur, monsieur Duroc, et le voyage s'est bien passé.

Quand nous sommes arrivés au château, la guide s'est présentée. On est entrés dans le château et la visite a commencé. Pierre, Marco et Guillaume se sont arrêtés, ils ont quitté le groupe et ils se sont cachés. J'ai vu les garçons partir mais je n'ai rien dit. Ils sont montés dans la tour du château. Dix minutes après, ils sont revenus dans le groupe et ils ont rigolé. À la fin de la visite, on est descendus dans le jardin et on a mangé.

Soudain, la guide est venue nous voir, très en colère ! Elle a dit :

– La couronne du Roi a disparu ! Ouvrez les sacs !

Monsieur Duroc et la guide ont regardé dans les sacs, mais ils n'ont rien trouvé. Je suis allée voir Pierre, Marco et Guillaume et j'ai dit :

– Vous avez volé la couronne, j'ai vu quand vous êtes montés dans la tour !

Mais ils ont répondu :

– Ce n'est pas nous, on n'a pas pris la couronne, mais on a vu le voleur...

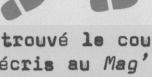

Tu as trouvé le coupable ?
Alors écris au *Mag'*
et gagne un roman policier !

Observe les documents

1 Où est le groupe ?

2 Le texte est...
a. un reportage.
b. une information insolite.
c. un récit policier.

Tu comprends ?

3 Lis le texte et réponds aux questions.
a. Avec qui est-ce que Lisette a visité le château ?
b. Pourquoi est-ce que la guide est en colère ?
c. Qui a vu le voleur ?

4 À ton avis, qui a volé la couronne ?
a. Pierre, Marco et Guillaume.
b. La guide.
c. Un animal.

Grammaire

Le passé composé avec « être »

5a Observe les phrases et relève les formes verbales. Comment est formé le passé composé ?

– Quelqu'un a volé la couronne du Roi.	– Le jour de la sortie est arrivé.
– La visite a commencé.	– Nous sommes partis à huit heures.

5b Trouve dans le texte les verbes au passé composé et classe-les dans le tableau ci-dessus.

6 Observe les participes passés de l'exercice 5. Quand est-ce qu'ils s'accordent ?

> **N'oublie pas !**
>
> Pour les verbes *aller, venir, arriver, partir, entrer, sortir, monter, descendre, tomber, passer, naître, mourir, rester, retourner, sortir* (+ *revenir, rentrer...*) et **les verbes pronominaux** :
> → Passé composé = *être* + participe passé
> **Attention !** On accorde le participe passé avec le sujet :
>
> **Il est parti. Elle s'est présentée.**
> **Ils sont montés Elles sont allées.**

Mes mots

7 Associe.
a. un roman policier
b. une enquête / mener l'enquête
c. un coupable
d. cacher
e. disparaître

1

2

3

4

5

À toi !

8 Écris la suite de l'histoire.

Lisette : Ah bon ! Vous avez vu le voleur dans la tour ?

*Marco : Oui !
Il est entré...*

Enquête !

Atelier langue

La négation avec « rien », « jamais », « personne » et les adverbes « déjà » et « toujours »

1 Remets les phrases dans l'ordre.

a. accusé police a personne. La n'

b. ses dit Il à n' parents. a rien

c. n' la Je ai Eiffel. vu tour jamais

d. vous que n' Pourquoi dit ? est-ce avez rien

2 Réponds négativement aux questions.

a. Tu prends toujours le métro ? → *Non, je ne prends jamais le métro.*

b. Tu connais quelqu'un à Paris ? → Non, ...

c. Tu pars toujours en vacances en train ? → Non, ...

d. Tu vois quelque chose ? → Non, ...

e. Tu as déjà visité la France ? → Non, ...

Oui / si

3 Associe.

a. Tu as entendu quelque chose ?

b. Tu n'as rien entendu ?

c. Tu ne prends jamais le métro ? **1. Oui**

d. Tu as déjà pris le métro ? **2. Si**

e. Tu as vu quelqu'un ?

f. Tu n'as vu personne ?

4 Réponds affirmativement aux questions.

a. – Est-ce que vous avez appelé la police ?

   – *Oui, nous avons appelé la police.*

b. – Vous n'avez pas vu le voleur ?

   – ...

c. – Zoé n'a pas pris son portable ?

   – ...

d. – Est-ce que tu as trouvé ton sac ?

   – ...

Le passé composé avec « être »

5 Conjugue les verbes au passé composé.

Cher grand-père,
Hier, je **suis allé** (aller) visiter le château de Versailles. Je ... (arriver) à dix heures. Avec le guide, je ... (monter) dans la chambre du Roi. À midi, je ... (sortir) manger dans le jardin du château. Après, je ... (partir) voir la maison de la reine Marie-Antoinette. Je ... (rentrer) à 16 heures.
Grosses bises,

Thomas

6 Réécris les phrases avec le sujet proposé. Attention à l'accord du participe passé !

a. Jean a visité le château. → *Jeanne a visité le château.*

b. Le voleur est monté dans la tour. → La voleuse ...

c. Les garçons ont adoré la visite. → Les filles ...

d. La guide s'est présentée. → Le guide ...

e. Marc et Louis sont allés en sortie scolaire. → Marie et Louise ...

Phonétique

Les consonnes [t] / [d] – [k] / [g]

7 Écoute et retrouve les phrases que tu entends.

a. C'est tout ! / C'est doux !

b. Ils sont trois. / Ils sont droits.

c. C'est qui ? / C'est Guy ?

d. Il écrit ? / Il est gris ?

8 Écoute et répète les phrases de l'exercice 7.

9 Écoute et chante.

Il dit qu'il est très grand,
Qu'il porte des gants blancs !
La couronne du roi Louis
A disparu cette nuit !
Quoi ? Qu'est-ce que tu racontes ?
Un vol, mais quelle honte !
Dans la grande tour carrée,
Un voleur est entré...
Et personne ne l'a vu ?
Si, Guy l'a aperçu !

Doc Drôle de braquage !

© Illustration de Jean-François Caritte parue dans *Science & Vie Junior* n° 192, septembre 2005.

1 À ton avis, un braquage, c'est :

a. un vol dans une maison.

b. un vol de voiture.

c. un vol dans une banque.

2 Lis les phrases et observe les images. Associe chaque phrase à une image.

a. M. Moustache s'est préparé pour aller voler la banque.

b. M. Lepetit a posé son arme sur la tête de M. Moustache. Les employés ont apporté l'argent.

c. Dans la banque, M. Lepetit a dit « Haut les mains ! ».

d. Dans la voiture, M. Lepetit a regardé l'argent et M. Moustache a pris son arme dans sa poche.

e. M. Moustache est parti avec l'argent et sans sa moustache ! M. Lepetit a crié.

f. Ils ont pris la voiture de M. Moustache. M. Lepetit a dit « Partons vite ! »

g. M. Moustache est arrivé à la banque.

h. M. Moustache et M. Lepetit sont sortis de la banque.

i. M. Moustache a pris l'arme de M. Lepetit, il a souri. M. Lepetit est sorti de la voiture.

Ex : a-6

3. Remets l'histoire dans l'ordre.

M. Moustache s'est préparé pour aller voler la banque...

Enquête !
Fais le point

DELF A2

Mes mots

L'enquête policière

Voler
Un voleur / Une voleuse
Un vol
La police / Les policiers
Accuser
Une preuve
Un(e) coupable
Une enquête
Mener l'enquête
Cacher
Se cacher
Disparaître
Chercher
Trouver
Un roman policier
Peut-être
Être sûr(e)

Fréquence et négation

Déjà
Jamais
Toujours
Rien
Quelqu'un
Personne

Compréhension orale

 1 Écoute. Vrai ou faux ?
a. Le coupable s'appelle Igor.
b. Le voleur est allé à Lyon.
c. Le coupable n'a vu personne à la gare.
d. Il a volé un sac.

Compréhension écrite

2 Vrai ou faux ? Lis l'article et réponds aux questions.

UN GUIDE ACCUSÉ DE VOL !

La police a accusé un guide du musée du Louvre du vol du célèbre tableau *La Joconde*.
Hier matin, le guide, M. Bobard, est arrivé au musée et il n'a pas vu *La Joconde*. Il a appelé la police et a accusé le gardien de nuit du musée. Les policiers sont arrivés et ont posé des questions à tous les gardiens mais ils n'ont pas trouvé de preuves. Ils ont ensuite visité l'appartement de M. Bobard et ils ont trouvé *La Joconde* sous son lit !

a. Le voleur travaille au musée du Louvre.
b. M. Bobard n'a accusé personne.
c. M. Bobard est le coupable.
d. Les policiers ont retrouvé *La Joconde*.

Expression orale

3 Observe les images et raconte l'histoire au passé.

Expression écrite

4 Raconte ta dernière sortie scolaire ou une sortie au musée.

LE MAG'

numéro 14

Argent de poche

Dans ce numéro :
Découvre les grands héros de la littérature française.
pp. 62-63

C'est les sol

ZOÉ. – Regarde ce T-shirt, il est cool ! Tu préfères orange ou jaune ?

MAÏA. – Je préfère orange.

ZOÉ. – Et puis j'aime bien ce pantalon marron.

MAÏA. – Tu essaies aussi ce pull et ces chaussures ?

ZOÉ. – Oui. Et toi ?

MAÏA. – Rien... Cette jupe rose est jolie, et elle coûte huit euros seulement, mais je n'ai pas d'argent.

ZOÉ. – Pardon madame ! Où sont les cabines, s'il vous plaît ?

LA VENDEUSE. – C'est ici.

MAÏA. – Alors, qu'est-ce que tu prends ?

ZOÉ. – Le pantalon, le pull, et le T-shirt ! Ça me va bien !

MAÏA. – Mais tu as assez d'argent pour payer ?

ZOÉ. – Oui, j'ai vingt euros, c'est mon argent de poche du mois.

MAÏA. – Et tu vas acheter trois vêtements avec cet argent ?

ZOÉ. – Oui ! C'est les soldes... Ça ne coûte pas cher !

LA VENDEUSE. – Voilà mademoiselle, ça fait quarante euros, s'il vous plaît.

ZOÉ. – Quarante euros ? Mais...

MAÏA. – Si tu achètes tout le magasin, vingt euros, ce n'est pas assez !

ZOÉ. – Bon, et bien, je prends seulement le T-shirt orange...

1

Observe les documents

1 Que font Maïa et Zoé ?

2 Observe le document 4. À ton avis, « les soldes » qu'est-ce que c'est ?
a. Des vêtements.   **b.** Des réductions de prix.   **c.** Des magasins.

Tu comprends ?

 3 Écoute. Vrai ou faux ?
a. Maïa va acheter la jupe rose.
b. Maïa n'essaie rien.
c. Zoé a quarante euros d'argent de poche par mois.

 4 Écoute. Qu'est-ce qu'elles achètent ?
a. Zoé (n')achète...   **b.** Maïa (n')achète...
1. tout le magasin.   3. une jupe rose.
2. un T-shirt orange.   4. rien.

Grammaire

Les adjectifs démonstratifs

5a Observe les phrases du dialogue et retrouve les adjectifs démonstratifs.
a. J'aime bien **ce** pantalon.
b. Tu essaies aussi **ces** chaussures ?
c. **Cette** jupe rose est jolie.
d. Tu vas acheter trois vêtements avec **cet** argent ?

des !

SOLDES
SUR
TOUT LE MAGASIN !

AU RAYON VÊTEMENTS :
– 50 % sur les robes,
les pantalons
et les baskets !

5b Classe les adjectifs démonstratifs dans le tableau.

Singulier			Pluriel
masculin		**féminin**	
+ consonne	+ voyelle	... jupe	... chaussures
Ce pantalon	... argent		

→ *Entraîne-toi page 60.*

Les verbes en « -YER »

6 Observe la conjugaison du verbe *essayer* et conjugue le verbe *payer*.

Le verbe *essayer*		Le verbe *payer*	
J'	essaie	Je	**paie**
Tu	essaies	Tu	...
Il/Elle/On	essaie	Il/Elle/On	...
Nous	essayons	Nous	...
Vous	essayez	Vous	...
Ils/Elles	essaient	Ils/Elles	...

→ *Entraîne-toi page 60.*

N'oublie pas !
Présent / Passé composé
je paie → j'ai payé
j'essaie → j'ai essayé

Mes mots

7 Qu'est-ce qu'ils essaient ?

Un T-shirt – des chaussures – des baskets – une robe – un pantalon – un pull – une jupe.

a. Elle essaie ...   **b.** Il essaie ...   **c.** Elle essaie ...

8 Retrouve dans le dialogue le nom de ces couleurs.

1   2   3   4

À toi !

9 Tu es dans un magasin de vêtements. Avec un camarade, imagine le dialogue.

Et combien ça coûte ?

Ça vous va très bien.

LE MAG'14

SONDAGE

L'argent et toi !

Des adolescents ont répondu aux questions du *Mag'* sur l'argent de poche.

A

1. EST-CE QUE TES PARENTS TE DONNENT DE L'ARGENT DE POCHE ?

Jeunes de 10-15 ans

Oui, toujours.	**38 %** *
Oui, parfois.	**26 %**
Non, jamais.	**36 %**

* pour cent (un pourcentage).

2. EN GÉNÉRAL, QUELLES DÉPENSES FAIS-TU AVEC TON ARGENT DE POCHE ? (plusieurs réponses possibles)

Jeunes de 10-15 ans

J'achète un vêtement.	**26 %**
J'achète un livre ou un magazine.	**50 %**
Je vais au cinéma.	**59 %**
Je ne dépense pas, j'économise.	**63 %**

B

C

3. QUELLE SOMME D'ARGENT REÇOIS-TU PAR AN ?

Somme moyenne par an

Jeunes de 10 à 11 ans.	**117 €**
Jeunes de 12 à 13 ans.	**173 €**
Jeunes de 14 à 15 ans.	**225 €**

4. REÇOIS-TU DE L'ARGENT À D'AUTRES OCCASIONS ? (plusieurs réponses possibles)

Jeunes de 10-15 ans

Quand je rends des services (jardinage, ménage...).	**37 %**
Pour mon anniversaire ou pour Noël.	**80 %**
Quand j'ai de bonnes notes à l'école.	**23 %**

Et toi ?

À quel âge as-tu reçu de l'argent de poche pour la première fois ? Quels services rends-tu pour gagner un peu d'argent ?

Sondage réalisé par Zoé, Rémi et Th

Observe les documents

1 C'est un sondage sur :

a. l'argent de poche des adolescents.

b. les adolescents et l'euro.

c. les adolescents et les soldes.

Tu comprends ?

2 Vrai ou faux ?

a. Les jeunes Français reçoivent toujours de l'argent de poche.

b. Les jeunes de 12 à 13 ans reçoivent en moyenne cent soixante-trois euros par mois.

c. Beaucoup de jeunes Français économisent.

d. Les jeunes Français travaillent parfois pour gagner de l'argent.

3 Associe les expressions aux photos.

a. Je rends des services.

b. Je dépense.

c. J'économise.

Grammaire

L'adjectif interrogatif « quel »

4 Retrouve les questions dans le sondage.

a. Quelle somme d'argent reçois-tu par an ?
→ Je reçois 173 €.

b. ... → J'achète un livre ou je vais au cinéma.

c. ... → À 12 ans.

d. ... → Je fais le ménage chez ma grand-mère.

5 Complète le tableau avec *quel, quelle, quels* et *quelles.*

	Singulier	Pluriel
Masculin	... âge ?	... services ?
Féminin	... somme ?	... dépenses ?

La question formelle

6 Retrouve dans le sondage les questions pour dire :

a. Quelle somme d'argent est-ce que tu reçois par an ? → ...

b. Quelles dépenses est-ce que tu fais ? → ...

c. À quel âge est-ce que tu as reçu de l'argent pour la première fois ? → ...

d. Quels petits services est-ce que tu rends pour gagner un peu d'argent ? → ...

> **N'oublie pas !**
>
> Dans une question formelle, on inverse le pronom personnel sujet et le verbe.
> – Au présent :
> Pourquoi économises-<u>tu</u> ton argent ?
> – Au passé composé :
> Où as-<u>tu</u> acheté ce pantalon ?

Mes mots

7 Retrouve dans le sondage les nombres suivants en chiffres.

a. Quatre-vingts → ...

b. Cent dix-sept → ...

c. Cent soixante-treize → ...

d. Deux cent vingt-cinq → ...

8 Complète.

| 70 € soixante-dix | 71 € soixante et onze | 75 € ... | 80 € ... |

| 82 € quatre-vingt-deux | 88 € ... | 91 € quatre-vingt-onze |

| 95 € ... | 99 € ... | 100 € ... | 500 € ... | 1000 € mille |

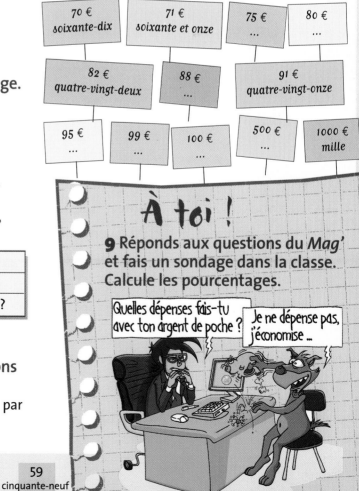

À toi !

9 Réponds aux questions du *Mag'* et fais un sondage dans la classe. Calcule les pourcentages.

Quelles dépenses fais-tu avec ton argent de poche ?

Je ne dépense pas, j'économise ...

Atelier langue

Les adjectifs démonstratifs

1 Écoute et retrouve les mots que tu entends.

a. ces pantalons / ce pantalon
b. cette couleur / ces couleurs
c. ces vêtements / ce vêtement
d. cette robe / ces robes

2 Complète avec *ce, cet, cette,* ou *ces*.

a. Regarde ... chaussures, elles me vont bien !
b. Je voudrais essayer ... pantalon, s'il vous plaît.
c. Je n'aime pas ... couleur.
d. Qu'est-ce que je peux acheter avec ... argent ?

Les verbes en « -YER »

3 Complète.

a. Vous pa... comment, s'il vous plaît ?
b. Tu essa... ces chaussures ?
c. Il pa... avec son argent de poche.
d. Elles n'essa... rien.

4 Présent ou passé composé ? Écoute.

Lève le panneau A ![A] si tu entends le présent et le panneau B ![B] si tu entends le passé composé.

L'adjectif interrogatif « quel »

5 Associe.

a. Quel
b. Quelle
c. Quels
d. Quelles

1. ... couleur préfères-tu ?
2. ... T-shirt tu essaies ?
3. ... chaussures tu achètes ?
4. ... pantalons sont à toi ?

6 Trouve les questions avec *quel, quels, quelle* ou *quelles* (plusieurs questions sont possibles).

a. – ... ? – Je préfère la robe rose.
b. – ... ? – J'ai 14 ans.
c. – ... ? – J'achète ces pantalons.
d. – ... ? – Je prends les baskets bleues.

La question formelle

7 Réécris les questions en inversant le sujet.

a. Où est-ce que tu achètes tes vêtements ?
→ **Où achètes-tu tes vêtements ?**
b. Vous payez comment ? → ...
c. Quel pull est-ce que vous choisissez ? → ...
d. Quelle couleur est-ce que tu préfères ? → ...
e. Combien d'argent est-ce que tu as gagné ? → ...

Phonétique

Le [j] et ses graphies

8 Écoute et chante.

Que de vêtements à essayer !
Mais c'est cher de bien s'habiller !
Où sont mes billets pour payer ?
Des vêtements à essayer !
Qu'y a-t-il au rayon des filles ?
Oh ! des parfums à la vanille.
Des milliers de robes à ma taille,
Et des vêtements pour le travail.
Ici les lunettes de soleil,
Et là-bas les boucles d'oreilles.

9 Retrouve les trois graphies du son [j] et complète le tableau avec les mots de la chanson.

ill	voyelle + ...	...
...	soleil, ...	rayon, ...

10 Écoute et dis ce que tu entends.

a. C'est jaune pâle / paille.
b. Regardez la file / fille !
c. Quelle foule / fouille !

BD Argent de proches

Illustration parue dans *Géo Ado*, n° 23, septembre 2004 extraite de *Léo et Lu* © Jak et Geg, éditions Grrr... Art.

1 Vrai ou faux ?

a. Lu a besoin de dix euros.

b. Le père a déjà donné dix euros à Lu cette semaine.

c. D'après sa mère, Lu gère très bien son argent.

d. Le frère dit à Lu d'aller à la banque.

2 Trouve dans la BD deux expressions pour dire :

Tu peux me donner :

a. = ...   b. = ...

3 L'« argent de proches » est un jeu de mots. Quelle expression est à l'origine de ce jeu de mots ?

4 À ton avis, « proches » veut dire :

a. la famille.

b. la banque.

c. les profs.

Tous des héros !

Tu aimes les livres ? Fais la connaissance de grands héros de la littérature française.

Alexandre Dumas
1802-1870

Victor Hugo
1802-1885

Marcel Pagnol
1895-1974

Antoine de
Saint-Exupéry
1900-1944

Serge Brussolo
1951-

En 1625, sous le règne de Louis XIII, le jeune D'Artagnan rencontre trois mousquetaires du roi : Athos, Porthos et Aramis. Les quatre amis vivent des aventures passionnantes pour servir le roi de France et sauver la reine Anne d'Autriche.

2

LECTURE FACILE ❶

Alexandre Dumas

Les Trois
Mousquetaires

TOME 1   Au service du roi

Antoine
de Saint-Exupéry
LE PETIT
PRINCE

1

Un pilote d'avion tombe en panne dans le désert. Il rencontre un enfant d'une autre planète : le Petit Prince. L'enfant raconte au pilote sa vie loin de la Terre, ses voyages et ses rencontres étonnantes.

3

Peggy Sue est détective des mondes magiques. Un soleil bleu est apparu au-dessus de la ville, et depuis, il se passe des choses bizarres... Peggy Sue, la collégienne aux lunettes magiques, mène l'enquête.

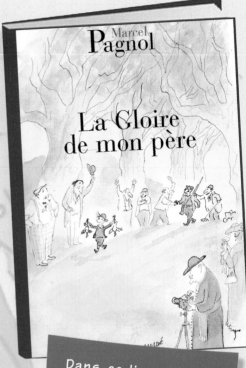

4

osette est une petite fille de inq ans. Sa mère ne peut pas a garder avec elle et la confie une famille d'aubergistes : es Thénardier. La pauvre fillette travaille beaucoup dans cette famille. Mais Jean Valjean, un ancien voleur, a fait la promesse à la mère de Cosette de la sortir de cette vie difficile.

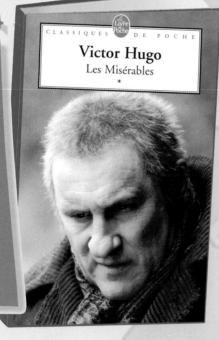

5

Dans ce livre, Marcel Pagnol raconte ses souvenirs d'enfance au début du XXᵉ siècle. Il parle de ses vacances d'été dans un village en Provence et de sa rencontre avec Lili, un jeune chasseur qui va devenir son ami.

1 Observe les documents 1 à 5. Qui a écrit ces livres ? Tu les connais ?

2 Lis les résumés. Comment s'appellent les héros de ces livres ?

3 Qui suis-je ?

a. Il y a des problèmes dans la ville, mais je suis là pour mener l'enquête ! Qui suis-je ?

b. Je travaille pour une famille, mais ils ne sont pas gentils avec moi... Qui suis-je ?

c. J'ai trois copains, et nous défendons le roi et la justice. Qui suis-je ?

d. J'habite très loin et j'ai un ami pilote. Qui suis-je ?

e. J'aime les vacances et la chasse. Qui suis-je ?

4 Associe les genres aux livres.

a. roman de cape et d'épée

b. saga romantique

c. roman de science-fiction

d. conte

e. récit autobiographique

5 Et toi ? Qui est ton héros de livre préféré ? Présente-le à la classe.

Fais le point

DELF
A2

Mes mots

Les vêtements

Un pantalon
Une jupe
Un T-shirt
Des chaussures
Des baskets
Une robe
Un pull

Les magasins

Le rayon
Les soldes
Essayer

Les couleurs

Jaune
Orange
Marron
Rose

Les nombres jusqu'à 1 000

Soixante-dix
Quatre-vingts
Quatre-vingt-dix
Cent
Mille

L'argent de poche

Un billet
Un euro
Recevoir
Rendre un service
Économiser
Dépenser / Une dépense
Coûter
Payer
Cher / Chère
Un prix

Compréhension orale

 **1** Écoute et associe.

a. Qui est Lola ?

1   2   3

b. Lola est :

1. au rayon chaussures.

2. au rayon T-shirts.

3. au rayon pantalons.

Compréhension écrite

2 Lis le mél d'Albane et réponds aux questions.

De : Albane@monmel.fr
À : Camille@melfrance.com
Sujet : C'est les soldes !

Salut !

Cette semaine, c'est les soldes et je voudrais acheter des vêtements. J'ai vu une super jupe dans un magasin... Est-ce que tu veux venir avec moi ?

J'ai eu une bonne note à l'école et mes parents m'ont donné dix euros ! La semaine dernière, j'ai fait du jardinage chez mes voisins et j'ai gagné vingt euros ! J'ai aussi économisé dix euros.

Et toi ? As-tu des économies ? Tu veux aussi acheter des vêtements ?

Gros bisous,

Albane

a. Pourquoi est-ce qu'Albane écrit à Camille ?
b. Quelle somme d'argent a Albane ?
c. Qu'est-ce qu'elle a fait pour gagner de l'argent ?
d. Qu'est-ce qu'Albane veut acheter ?

Expression orale

3 Décris un(e) camarade. La classe devine qui c'est.

De : ...
À : Albane

Salut Albane !
...

Expression écrite

4 Réponds au mél d'Albane.

LE MAG'

numéro 15

Planète en danger !

Quel temps !

NICO. – L'orage arrive, entrons vite !

ZOÉ. – Oh, là, là ! On est tout mouillés avec cette pluie !

NICO. – Bonjour ! Nous sommes de la MJ. C'est pour la visite.

LE MÉTÉOROLOGUE. – Ah, bonjour ! Bienvenue !

MAÏA. – Je déteste quand il pleut !

ZOÉ. – Moi, je suis comme Maïa : je préfère le soleil et la chaleur !

LE MÉTÉOROLOGUE. – Oui, mais s'il fait toujours beau et chaud, ce n'est pas bon pour la planète.

THOMAS. – Ah oui ! La planète se réchauffe, c'est ça ?

LE MÉTÉOROLOGUE. – Oui. Et à votre avis, quels problèmes peuvent apparaître ?

ALEXEJ. – Par exemple, s'il ne neige pas assez en montagne, on ne va bientôt plus pouvoir faire du ski !

LE MÉTÉOROLOGUE. – Oui, ça c'est une chose... Mais surtout, si la neige fond, les océans vont monter et des pays peuvent disparaître sous l'eau !

MAÏA. – Et qu'est-ce qu'on peut faire contre ça ?

LE MÉTÉOROLOGUE. – Il faut limiter la pollution et respecter la nature...

NICO. – Et, par exemple, il ne faut pas jeter de papiers par terre, n'est-ce pas, Rémi ?

RÉMI. – Oh ! Pardon...

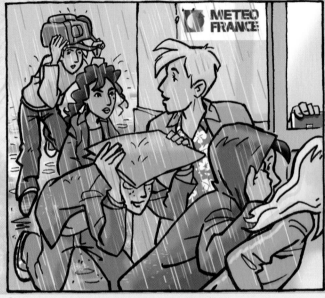

1

2

Observe les documents

1 Où sont les jeunes et Nico ?

2 Observe le document 4. Qu'est-ce que c'est ?
a. Un plan.   **b.** Une carte météo.   **c.** Une carte touristique.

Tu comprends ?

3 Écoute et trouve la réponse.
a. Quel temps fait-il ?
1. Il fait beau.   **2.** Il pleut.   **3.** Il neige.

b. Quel temps préfèrent Maïa et Zoé ?
1. La neige.   **2.** La pluie et l'orage.   **3.** Le soleil et la chaleur.

4 Écoute. Quel problème peut apparaître si la planète se réchauffe ?
a. Les océans vont disparaître.   **b.** Des pays peuvent disparaître.
c. La pollution va disparaître.

Grammaire

Les constructions impersonnelles

5a Observe le dialogue et relève les phrases avec *il*.
a. Il pleut   **b.** ...   **c.** ...   **d.** ...   **e.** ...

3

4

5b Est-ce qu'on peut remplacer *il* par un autre sujet ?

6a Trouve dans le dialogue l'expression pour dire :
C'est nécessaire de... / C'est obligatoire de... = ...

6b Complète avec les phrases du dialogue.
a. Il faut...
b. Il ne faut pas...

> **N'oublie pas !**
> Il faut / Il ne faut pas + infinitif
> **Il faut respecter la planète.**

→ *Entraîne-toi page 70.*

La négation avec « ne... plus »

7a Trouve la phrase pour dire :
On ne va plus pouvoir faire du ski ! = ...
a. On ne va pas pouvoir faire du ski !
b. Faire du ski, c'est fini !
c. Ce n'est pas possible de faire du ski !

7b À ton avis, quelle est la différence entre « ne... pas » et « ne... plus » ?

Mes mots

8 Observe le document 4 et associe.

1. → A. *Le soleil / le beau temps*		**a.** Il neige.
2. B. La chaleur		**b.** Il pleut.
3. C. La neige		**c.** Il y a de l'orage.
4. D. La pluie		**d.** *Il fait beau.*
5. E. L'orage		**e.** Il fait chaud.

9 Associe.
a. la pollution **b.** la nature **c.** l'océan **d.** la planète

1   2   3   4

À toi !

10 Dessine une carte météo et présente le temps qu'il fait.

> Aujourd'hui, il pleut à Lyon. Il fait beau à Nice...

IL FAUT SAUVER LA PLANÈTE !

LE MAG'15

TRACT

LA PLANÈTE EST EN DANGER !

ON NE LA RESPECTE PAS.

SI NOUS VOULONS LA PROTÉGER,

VOICI CE QUE NOUS DEVONS FAIRE

OU NE PAS FAIRE :

IL FAUT

1 Recycler les déchets.

> Tu dois les trier et les jeter dans les différentes poubelles.

2 Utiliser les transports en commun ou le vélo.

> En ville, la voiture et le scooter doivent rester au garage !

3 Économiser l'énergie.

> N'oublie pas d'éteindre la lumière, la télé ou l'ordinateur quand tu ne les utilises pas !

IL NE FAUT PAS

1 Jeter les déchets dans la nature.

> La planète ne doit pas devenir une poubelle géante !

2 Laisser couler l'eau quand tu te laves les dents ou quand tu prends une douche.

> L'eau est précieuse, nous devons l'économiser.

3 Utiliser trop de sacs plastique.

> Achète un grand sac et réutilise-le quand tu vas faire des courses.

la planète !

Observe les documents

1 Quel est le thème du document ?

a. La pollution. b. La météo. c. La nature.

Tu comprends ?

2 C'est un tract pour :

a. ne pas respecter la planète.

b. protéger la planète.

c. jeter les déchets dans la nature.

3 Qu'est-ce qu'il faut faire ou ne pas faire ?
Retrouve les phrases du tract.

a. → il ne faut pas jeter les déchets...   b. → ...   c. → ...

d. → ...   e. → ...   f. → ...

Grammaire

Le verbe « devoir »

4 Trouve la phrase pour dire :
Nous devons économiser l'eau. = ...

a. Nous voulons économiser l'eau.

b. Nous pouvons économiser l'eau.

c. Il faut économiser l'eau.

5 Observe le tract et complète.

Le verbe *devoir*	
Je	dois
Tu	...
Il/Elle/On	...
Nous	...
Vous	devez
Ils/Elles	...

N'oublie pas !
verbe *devoir* + infinitif
Je dois respecter la planète.

→ *Entraîne-toi page 70.*

Les pronoms COD

6 Associe.

a. On ne *la* respecte pas.   1. les déchets

b. Tu dois *les* trier.   2. le sac plastique

c. Il faut *l'*économiser.   3. l'eau

d. Réutilise-*le*.   4. la planète

7 Complète le tableau.

Les pronoms compléments d'objet direct (COD)		
singulier		**pluriel**
masculin ... / l'	féminin ... / l'	masculin / féminin ...
Attention ! Devant une voyelle ou un h muet, *le/la = l'. La télé, je l'éteins quand je ne la regarde pas.*		

→ *Entraîne-toi page 70.*

N'oublie pas !
La place du pronom COD
– Dans une phrase affirmative : On la respecte.
– Dans une phrase négative : On ne la respecte pas.
– Avec un verbe + infinitif : Tu dois les trier !
– À l'impératif affirmatif : Réutilise-le !

Mes mots

8 Complète avec :

recycler – trie – ~~jette~~ – protège – déchets – poubelle – énergie – transports en commun.

Moi, je respecte la planète ! **Je jette** les papiers à la ... . Pour ... les ... , je les ... . J'éteins la lumière quand je sors pour faire des économies d'... . Et je prends les ... : je ... la nature !

À toi !

9 Choisis un sujet et écris un tract.

Protégeons les bébés chiens !

Il faut respecter les animaux !

Atelier langue

Les constructions impersonnelles

1 Classe les phrases dans le tableau.

a. Il neige.   **b.** Il aime la neige.   **c.** Il faut partir.
d. Il ne pleut pas.   **e.** Il ne peut pas partir.
f. Il ne fait pas chaud.   **g.** Il n'a pas chaud.

Construction personnelle « il » est une personne ou une chose	Construction impersonnelle « il » n'est pas une personne ni une chose
...	Il neige, ...

2 Observe les panneaux et imagine ce qu'il faut faire ou ne pas faire.

a. → il ne faut pas entrer.   **b.** → ...   **c.** → ...   **d.** → ...

La négation avec « ne... plus »

3 Complète avec ne... pas ou ne... plus.

a. Il ne pleut plus, maintenant vous pouvez sortir.
b. On ... va ... faire du ski, on part à la mer.
c. Il ... faut ... jeter ses papiers par terre !
d. Il ... y a ... de soleil ! L'été est fini !
e. Aujourd'hui, il ... y a ... de soleil.

Le verbe « devoir »

4 Complète avec le verbe devoir.

a. Nous ... respecter la planète.
b. Vous ... trier les déchets et les recycler.
c. Tu ne ... pas laisser couler l'eau !
d. On ... éteindre la télé quand on ne la regarde pas.
e. Ils ... écouter les conseils pour protéger la planète !

Les pronoms COD

5 Écoute et retrouve le pronom COD que tu entends.

a. Je ne *le / la / les* vois pas.
b. Tu *le / la / les* jettes.
c. Réutilisez-*le / la / les* !
d. On doit *le / la / les* respecter !

6 Réécris les phrases avec un pronom COD.

a. Il faut économiser l'énergie. → Il faut l'économiser.
b. Recyclez le papier. → ...
c. Nous devons respecter la planète. → ...
d. J'utilise les transports en commun. → ...
e. On ne jette pas les papiers par terre. → ...

7 Complète avec un pronom COD.

a. J'ai une voiture mais je ne ... utilise pas en ville.
b. Si tu vois un papier par terre, tu ... jettes à la poubelle.
c. Les sacs plastique, tu dois ... recycler !
d. Nous aimons la planète, alors protégeons-... !

Phonétique

[sjɔ̃] et ses graphies

8 Écoute et chante la chanson.

Attention ! Pollution ! Agissons !
Nous devons trouver la solution.

Et maintenant voici ta mission :
Pour une parfaite, parfaite compréhension,
Participe à la discussion,
Pour une parfaite, parfaite compréhension.

À la télé : des émissions
Dehors des manifestations
Pour limiter la pollution
Des émissions, des manifestations.

9 Retrouve les trois graphies du son [sjɔ̃]. et complète le tableau avec les mots de la chanson.

...	-ssion	...
Attention, ...	...	...

BD
Fleur de bitume

Smax, Tome 5, Bretschy
© Éditions Glénat

1 Trouve les expressions pour dire :
a. Je suis tombé amoureux. = ...
b. la protection de la planète = ...
c. deux choses = ...

2 Qu'est-ce qu'elle fait pour protéger l'environnement ?
a. Elle ...   **b.** Elle ...

3 Quelles sont les deux passions de Smax ?

4 À ton avis, est-ce que la fille va aimer le message de Smax ? Pourquoi ?

Planète en danger !

Fais le point

Compréhension orale

 1 Écoute et retrouve la bonne carte météo.

1   2   3

Compréhension écrite

2 Lis le texte et réponds aux questions.

COLLÈGE
Jules Ferry

**PARTICIPE À LA JOURNÉE
DE L'ENVIRONNEMENT !**

LE 25 MAI :
• Ne viens pas au collège
en voiture ou en scooter.
• N'oublie pas d'éteindre
la lumière quand tu sors.
• Organise le tri des déchets
dans le collège.
• Participe à l'opération
« Papier recyclé ».

a. Qu'est-ce qu'il y a le 25 mai ?
b. Qu'est-ce qu'il faut faire et qu'est-ce qu'il ne faut pas faire le 25 mai ?

Expression orale

3 Observe la carte et présente la météo d'aujourd'hui.

Expression écrite

4 Comment faire pour protéger la planète / avoir beaucoup d'amis / avoir de bonnes notes au collège ?

Choisis un thème et écris quatre phrases (utilise *il faut / il ne faut pas* et le verbe *devoir*).

Pour avoir de bonnes notes au collège, il faut écouter en classe, etc.

Mes mots

Le temps / La météo
La neige / Il neige
La pluie / Il pleut
L'orage
Le soleil
Le beau temps / Il fait beau
La chaleur / Il fait chaud

La nature
L'océan
La planète
L'eau

L'environnement
La pollution
Les déchets
La poubelle
L'énergie
Les transports en commun
Protéger
Respecter
Économiser
Éteindre
Trier
Jeter
Recycler

Obligation / Interdiction
Devoir
Il faut / Il ne faut pas

DELF A2

LE MAG'

Unité 8

Spécial futur

numéro 16

Dans ce numéro : Les grandes découvertes françaises ! pp. 80-81

Plus tard...

NICO. – Alors, qu'est-ce que vous allez faire pour notre prochain numéro du *Mag'* « Spécial futur » ?

THOMAS. – Rémi, Alex et moi, on va parler de la vie dans cent ans.

MAÏA. – Zoé et moi, on va faire un sondage sur les professions : « Quel métier ferez-vous plus tard ? ». Moi, j'ai déjà une idée, je serai infirmière ! Et toi Thomas, qu'est-ce que tu feras ?

THOMAS. – Moi, j'adore l'école alors je serai instituteur.

MAÏA. – Et toi Alex ?

ALEXEJ. – Je serai cuisinier et j'aurai un restaurant français en Lituanie !

MAÏA. – Super, on ira manger dans ton restaurant ! Tu nous inviteras ?

ALEXEJ. – Oui, bien sûr !

RÉMI. – Et moi, je serai pilote ! Vous voyagerez dans mon avion !

ZOÉ. – Mais Rémi, tu ne pourras pas être pilote, tu as toujours de mauvaises notes en maths !

RÉMI. – Oh, arrête Zoé ! Et toi, comme tu parles tout le temps, tu travailleras à la radio !

ZOÉ. – Pas du tout ! Je serai scientifique dans un laboratoire. Et toi, tu seras mon secrétaire !

1

Observe les documents

1 À ton avis, de quoi parlent-ils ?

a. De l'école.

b. Des parents.

c. Des professions.

Tu comprends ?

 2 Écoute le dialogue. Vrai ou faux ?

a. Ils préparent un numéro du *Mag'* « Spécial futur ».

b. Rémi, Alex et Thomas vont parler de la vie dans cinquante ans.

c. Maïa et Zoé vont faire un sondage.

d. Zoé travaillera à la radio.

 3 Écoute et associe.

a. Alexej travaillera...	1. dans un laboratoire.
b. Rémi travaillera...	2. dans un restaurant.
c. Zoé travaillera...	3. dans un avion.

Grammaire

Le futur simple

4 Observe les phrases et classe-les dans la frise.

a. On va faire un sondage sur les professions.

b. On parle des métiers.

c. Vous voyagerez dans mon avion.

maintenant/aujourd'hui   demain/bientôt   dans 10/20 ans

2   3   4   5   6

5 Lis le dialogue et retrouve le futur simple de ces verbes.

inviter	voyager	travailler
inviteras	...	...

6a Conjugue le verbe *travailler* au futur simple.

Le verbe *travailler*			
Je	travaillerai	Nous	travaillerons
Tu	travailler...	Vous	travailler...
Il/Elle/On	travailler...	Ils/Elles	travailleront

→ *Entraîne-toi page 78.*

6b Comment se forme la conjugaison des verbes en -*er* au futur simple ?

> **N'oublie pas !**
> Le futur simple des verbes en -*ir* se forme comme pour les verbes en -*er*.
> finir → je finirai
> Le futur simple des verbes en -*re* se forme sur la base de l'infinitif sans le « e ».
> prendre → je prendrai

7 Lis le dialogue et retrouve le futur simple de ces verbes.

faire	être	avoir	aller	pouvoir
ferez-vous	...	...	...	...

→ *Entraîne-toi page 78.*

Mes mots

8 Associe les phrases aux professions.
1. un(e) pilote d'avion **2.** un(e) scientifique
3. un(e) secrétaire **4.** un infirmier / une infirmière
5. un instituteur / une institutrice
6. un cuisinier / une cuisinière

a. Allô, ici la MJ du Vieux-Lyon, je vous écoute...
b. Bonsoir, voilà vos médicaments M. Duchêne. Bonne nuit !
c. Ouvrez vos livres page 52.
d. Et après, on mélange les œufs et le lait.
e. Eurêka ! J'ai trouvé un nouveau médicament !
f. Nous allons arriver à Bangkok, restez assis, s'il vous plaît !

À toi !

9 Mime une profession. La classe devine quel métier tu feras plus tard.

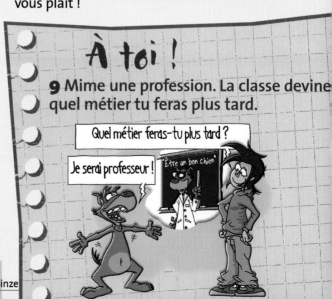

Dans cent

Dans 100 ans…

Comment sera la vie dans cent ans ?
Voici comment nos journalistes imaginent le futur.
Et vous ? Envoyez votre texte au *Mag'* !

1 Dans
cent ans, la vie sera
très différente…
Il y aura quinze milliards d'habitants sur
la Terre et il fera très chaud. Il n'y aura plus
de pétrole et nos soucoupes volantes
utiliseront l'énergie solaire.

Thomas

2 **Plus tard, vous prendrez des fusées
hypersoniques** et vous passerez vos vacances
sur une autre planète avec des extra-terrestres !
Vous pourrez voyager à des millions de kilomètres !
Les enfants n'iront plus à l'école, ils étudieront
à la maison sur leur ordinateur et avec leurs robots-
professeurs.

Rémi

3 **Il y aura trop
de pollution sur notre
planète,** alors on habitera dans
l'espace, ou sur une autre planète.
On mangera des médicaments
et des vitamines car les fruits
et les légumes n'existeront plus.

Alexej

a n s . . .

Observe les documents

1 C'est un document sur :

a. la vie dans l'espace.   **b.** la pollution.   **c.** le futur.

Tu comprends ?

2 Lis les textes et associe-les aux dessins.

3 Lis les textes et réponds.

Dans cent ans...

a. D'après Thomas, il y aura combien d'habitants sur la Terre ?

b. Selon Rémi, comment étudieront les enfants ?

c. D'après Alexej, qu'est-ce qu'on fera dans l'espace ?

Grammaire

Les adjectifs possessifs

4 Observe les phrases et classe les adjectifs possessifs dans le tableau.

a. Envoyez **votre** texte au Mag' !

b. **Nos** soucoupes volantes utiliseront l'énergie solaire.

c. Vous passerez **vos** vacances sur une autre planète !

d. Les enfants étudieront sur **leur** ordinateur.

e. Ils étudieront avec **leurs** robots-professeurs.

f. Il y aura trop de pollution sur **notre** planète.

à nous		à vous		à eux / à elles	
singulier	pluriel	singulier	pluriel	singulier	pluriel
...	...	**votre**	...	...	...

→ *Entraîne-toi page 78.*

5 Associe.

a. *Zoé et Maïa écrivent un article.*

b. Thomas et moi écrivons un article.

c. Alex et toi écrivez des articles.

d. Nico et moi écrivons des articles.

e. Les garçons écrivent des articles.

f. Rémi et toi écrivez un article.

1. C'est notre article.

2. Ce sont nos articles.

3. C'est votre article.

4. Ce sont vos articles.

5. *C'est leur article.*

6. Ce sont leurs articles.

Mes mots

6 Observe et écris les nombres en chiffres.

1 000 : mille − 10 000 : dix mille − 100 000 : cent mille − 1 000 000 : un million − 1 000 000 000 : un milliard

a. Un million deux cent cinquante mille → ...

b. Quatre cent mille sept cents → ...

c. Soixante mille cinq cents → ...

d. Six milliards neuf cents millions → ...

7 Complète avec les mots suivants.

(une) soucoupe volante − (une) fusée − l'énergie solaire − (un) robot − (des) extra-terrestres − l'espace

a. Votre ... utilisera ... .   **b.** On ira chez nos amis ... en ... .

c. On voyagera dans ... avec ... .

À toi !

8 Avec un(e) camarade, imaginez la vie dans cent ans. Écrivez un petit texte.

Dans cent ans, on voyagera dans l'espace !

Spécial futur

Atelier langue

Le futur simple

1 Retrouve l'infinitif des verbes et transforme les phrases au futur simple.

a. Ils travaillent à Paris. → travailler
→ Ils travailleront à Paris.
b. Tu voyages dans mon avion ? → ...
c. On mange dans le restaurant d'Alexej ? → ...
d. Nous préparons Le Mag' « Spécial futur ». → ...
e. Vous organisez un sondage. → ...

2 Choisis la forme verbale correcte.

a. Moi, je seras   aurai   serai médecin !
b. Tu auras   pourras   seras venir dans mon restaurant ?
c. Nous auront   serons   ferons un sondage pour Le Mag'.
d. Vous verrez   aurez   pourrez un métier intéressant.
e. Plus tard, ils seront   ferons   auront médecins.

3 Écoute et retrouve la forme verbale que tu entends.

a.	serai	serez	sera
b.	aurai	aura	irai
c.	seront	ferons	fera
d.	prendra	pourrez	prendrez

Les adjectifs possessifs

4 Choisis la réponse correcte.

a. Alex et Thomas ont déjà choisi sa / son / leur future profession.
b. Et vous madame, quel métier feront votre / vos / ses enfants plus tard ?
c. Dans cent ans, nous n'utiliserons plus mes / notre / nos voitures.
d. Les lecteurs peuvent envoyer leur / leurs / son article au Mag'.

5 Complète les phrases avec l'adjectif possessif qui correspond au sujet.

a. Ils partiront en vacances avec leurs enfants.
b. Vous étudierez sur ... ordinateur.
c. Nous parlerons avec ... robot-professeur.
d. Thomas et Alex écrivent ... article pour Le Mag'.
e. Rémi pense que nous passerons ... vacances sur une autre planète.
f. Vous utiliserez l'énergie solaire pour ... soucoupes volantes.

Phonétique

Le [ə] caduc au futur simple

6 Écoute et chante.
Alors dis-moi, d'après toi,
Dans le futur, qu'est-ce que tu feras ?
Alors dis-moi, d'après toi,
Dans cent ans, qu'est-ce qui changera ?

Qu'est-ce que vous ferez plus tard ?
Moi, je serai cuisinière !
Nous serons des superstars !
Moi, je serai infirmière !

Plus tard on voyagera
En fusée dans l'espace.
Et puis on habitera
Sur Jupiter ou sur Mars.

7 Écoute la chanson. Observe les verbes au futur. Est-ce que le « e » se prononce ?

8 Écoute les phrases. Barre les « e » que tu n'entends pas.
a. Tu travailleras dans un restaurant.
b. Demain, il fera chaud.
c. Je voyagerai sur Mars.
d. Maïa sera infirmière.

Doc Rencontre dans l'espace

Illustration de Nicolas Julo © *L'Hebdo, le Monde des ados*, n° 124, Fleurus Presse 2005.

1 Observe le dessin. Vrai ou faux ?

a. Les astronautes participent à la mission « Apollo 2005 ».

b. Il y a un drapeau américain sur la station spatiale.

c. Il y a deux planètes bleues.

d. Les Martiens ont six doigts.

e. La station spatiale s'appelle « Alpha ».

f. L'astronaute en haut à droite ferme les yeux.

g. Il y a quatre drapeaux français sur la station spatiale.

h. Sur la Terre, on ne peut pas voir les continents.

2 Retrouve dans les phrases de l'exercice 1 les mots pour dire :

a. Un homme qui voyage dans l'espace = ...

b. Un habitant de la planète Mars = ...

c. Une base de travail dans l'espace = ...

3 À toi ! Propose deux phrases. Tes camarades répondent « vrai » ou « faux ».

Inventions d'hier et

Tu connais ces grandes inventions françaises ? Observe leur évolution et imagine leur transformation future !

A. VOYAGER DANS LES AIRS

Hier

En 1783, les frères Joseph et Etienne de Montgolfier ont inventé et construit le premier véhicule volant, la montgolfière. Un mouton, un coq et un canard ont été les premiers à voyager dans le ciel !

Aujourd'hui, l'Airbus A 380

B. VOYAGER SUR TERRE

En 1769, Joseph Cugnot a présenté son « fardier à vapeur », la première automobile. Mais on n'a jamais adopté son invention à cause de sa vitesse maximum de 4 km/h seulement ! On a dû attendre 1860 et le moteur à explosion pour fabriquer les premières voitures à essence.

Hier

Aujourd'hui, la voiture électrique

d'aujourd'hui

C. STOCKER DES INFORMATIONS

Hier

Roland Moreno a inventé la carte à puce en 1974. C'est un support d'informations très petit, il porte donc le nom d'un insecte minuscule : la puce !

Aujourd'hui, la carte bancaire, la carte SIM...

D. FIXER DES IMAGES

Hier

En 1824, Joseph Nicéphore Niépce a fixé pour la première fois et pour longtemps, des images sur une plaque de verre. Il a fallu plusieurs jours de pose en plein soleil pour obtenir les premières photographies durables !

Aujourd'hui, la photo numérique

1 Observe les documents et complète la frise :

1769	1783	...	...
L'automobile	...	...	la carte à puce
...	...	Nicéphore Niépce	...

2a Lis les devinettes et retrouve à quelles inventions elles correspondent.

a. On l'utilise tous les jours pour payer ou téléphoner.

b. On la voit dans la rue et sur les routes, on l'utilise pour voyager ou se déplacer.

c. On les montre à ses amis quand on rentre de vacances.

d. On l'appelle aussi « ballon » et on peut voler avec.

2b Choisis une autre invention et propose une devinette à la classe.

3 Imagine l'évolution de ces inventions dans le futur.

Ex. : *L'automobile du futur roulera avec de l'eau, on pourra...*

4 Et toi ? Tu connais de grandes inventions de ton pays ? Présente-les à la classe.

Fais le point

DELF A2

Mes mots

Les professions

Un(e) pilote d'avion
Un(e) scientifique
Un(e) secrétaire
Un instituteur / Une institutrice
Un infirmier / Une infirmière
Un cuisinier / Une cuisinière

Le futur

Demain
Bientôt
Plus tard
Dans cent ans

Les nombres

Des centaines (de)
Un million (de)
Un milliard (de)

La science-fiction

L'espace
Une station spatiale
Une fusée
Un(e) astronaute
Une soucoupe volante
Un extra-terrestre
Un(e) martien(ne)
Un robot

Compréhension orale

1 Écoute. Vrai ou faux ? Corrige les erreurs.

a. Léo et Lila répondent à un sondage.

b. Léo travaillera dans le restaurant de son grand-père.

c. La famille de Léo a un restaurant lituanien.

d. Lila veut travailler dans un hôpital.

e. Lila sera médecin.

Compréhension écrite

2 Lis le texte et réponds aux questions.

D'après Mme Soleil, le futur sera beau !

Dans cent ans, la nature ne sera plus polluée. Les habitants de notre planète respecteront beaucoup l'environnement, et les scientifiques trouveront de nouveaux médicaments. Les maladies disparaîtront. Tout le monde pourra bien manger.

a. Madame Soleil : **1.** soigne les malades. **2.** travaille dans un centre de météorologie. **3.** voit le futur.

b. D'après Madame Soleil, qu'est-ce qui disparaîtra dans cent ans ?

c. Trouve dans le texte deux choses qui montrent que le futur sera « beau ».

Expression orale

3 Avec un(e) camarade, imagine la conversation.

Expression écrite

4 Que feront Marco et Justine plus tard ? Observe les images et écris un petit texte.

Les actes de PAROLE

Se présenter

Comment tu t'appelles ? → Je m'appelle Alex.
Tu es français ? → Non, je suis lituanien, d'origine russe.
Tu parles français ? → Oui, je parle français et anglais.
Tu habites où ? → J'habite en France, à Lyon.

Je te présente Alex.
Enchanté(e).

Je te présente Léon, il a 13 ans, il est français d'origine russe. Il parle français et chien !

Présenter son pays

Mon pays, c'est une île.
À Malte, on parle maltais et anglais.
En France, on mange beaucoup de fromage.
Aux Pays-Bas, on fait du vélo.
Les Espagnols aiment le football.

Salut, je m'appelle Léon, je suis français d'origine russe. En France, on aime le fromage, mais moi je déteste ça....

Demander / Indiquer une direction

Excusez-moi, monsieur / madame, où est la rue du Bœuf, s'il vous plaît ?
Excusez-moi, vous pouvez m'aider ?
Je cherche la rue du Bœuf, s'il vous plaît.
Ce n'est pas loin.
Regardez, c'est là !
Allez / Continuez tout droit.
Tournez à droite / à gauche.
C'est plus loin, dans la même rue.

Salut Léon, je voudrais aller jusqu'à «B----» s'il te plaît ?

C'est facile, prends à gauche puis va tout droit. Après, tourne à droite, non, à gauche. Euh... Non, va tout droit...

Est-ce que c'est à côté de l'épicerie ?

Non... Ce n'est pas à côté de l'épicerie...

Situer dans l'espace

Où est la statue / la boulangerie / la bibliothèque / l'épicerie ?
La statue est au coin de la rue.
La boulangerie est à côté de la bibliothèque.
La bibliothèque est en face de l'épicerie.
L'épicerie est entre le restaurant et la cathédrale.

Les actes de PAROLE

Dire comment on se sent

Comment ça va ? / Comment tu te sens ? /
Qu'est-ce que tu as ?
Ça va.
Je rigole.
Je suis en forme.
Je suis de bonne humeur.

Ça ne va pas.
J'ai mal à la tête / aux pieds.
J'ai le bras cassé.
J'en ai marre !
Je suis de mauvaise humeur.
Je suis en colère.
J'ai chaud.
J'ai soif.
Je suis malade.
Je suis fatigué.
J'ai honte.
Je m'inquiète.
Je pleure.

Commander au restaurant / à la cafétéria

Bonjour, qu'est-ce que vous voulez manger ?
Je voudrais du poisson et des légumes, s'il
vous plaît.
Je vais prendre un steak-frites, s'il vous plaît.
Vous avez de la soupe, s'il vous plaît ?

Bon appétit !

Décrire une action passée / Raconter des événements passés

Qu'est-ce que tu as fait hier soir ?
J'ai regardé la télé. J'ai vu une émission
sur les animaux.
J'ai joué sur mon
ordinateur.

Pourquoi tu es en colère ?
Quelqu'un a volé mon
portable !
La couronne a disparu !

Exprimer une quantité ; parler de ses repas

Au petit déjeuner, je mange du pain avec
un peu de confiture et des céréales ;
je bois du lait.
Au déjeuner, je mange de la viande et
des légumes ; je bois beaucoup d'eau.
Au dîner, je ne mange pas trop : de la
soupe et un yaourt.
Pour être en forme, je mange un peu de
tout, et assez de fruits et de légumes.

Exprimer une opinion / une appréciation ; parler de ses goûts

J'adore les vacances au Portugal.
J'adore ! C'est mon émission préférée.
J'aime le tennis.
J'aime bien parler français.

Je préfère le T-shirt orange.
Le fromage, je déteste ça.
Je trouve ça nul / bête.

Communiquer dans un magasin

Je peux vous aider, mademoiselle ? → Je voudrais essayer ce vêtement, s'il vous plaît.
Ça fait combien, s'il vous plaît ? → Ça fait 40 €.
Quel est le prix de ce pantalon, s'il vous plaît ? → Il est en solde, il coûte 15 € seulement.
Ça coûte combien ? → Ça coûte 50 euros. / Ça coûte cher. / Ça ne coûte pas cher.
Tu peux payer ? → Non, je n'ai pas d'argent. / Oui, j'ai mon argent de poche du mois.

Parler du temps qu'il fait

Il pleut.
Il neige.
Il fait beau.
Il fait chaud.
Il y a de l'orage.
Il y a du soleil.

Exprimer une nécessité / une obligation / une interdiction

Il faut protéger la planète !
On doit jeter les papiers à la poubelle !
Protégeons la nature !

Il ne faut pas utiliser trop de sacs plastique !
On ne doit pas laisser couler l'eau !
Ne jette pas de papiers par terre !

Parler de l'avenir

Qu'est-ce que vous allez faire demain ? → On va faire un sondage.
Quel métier ferez-vous plus tard ? → Je serai scientifique. Je travaillerai dans un laboratoire.
Comment sera la vie dans cent ans ? → Dans cent ans, vous passerez vos vacances sur une autre planète.

Se justifier

Pourquoi tu ne viens pas en classe ?
→ Parce que je suis malade.

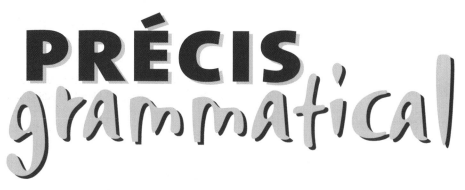

PRÉCIS grammatical

LE GROUPE NOMINAL

1 Les articles

Les articles indéfinis

pour parler de quelqu'un ou de quelque chose qu'on ne connaît pas ou qui n'est pas déterminé, et, au singulier, pour indiquer la quantité « 1 ».

Singulier		Pluriel
Masculin	Féminin	Masculin/Féminin
un pain	**une** glace	**des** légumes

Les articles définis

pour parler d'une généralité ou de quelqu'un, de quelque chose qu'on connaît, qu'on désigne.

Singulier		Pluriel
Masculin	Féminin	Masculin/Féminin
le pain	**la** glace	**les** légumes
N'oublie pas ! le ou la + **voyelle** ou h muet = **l'**		

Les articles partitifs

pour exprimer une quantité qu'on ne peut pas compter, ou une partie d'un ensemble.

Singulier		Pluriel
Masculin	Féminin	Masculin/Féminin
du pain	**de la** glace	**des** légumes
N'oublie pas ! du ou de la + **voyelle** ou h muet = **de l'**		

J'adore le pain !

Je voudrais un pain, s'il vous plaît.

Le matin, je mange du pain.

2 Les adjectifs possessifs

	Singulier		Pluriel
Sujet	Masculin	Féminin	Masc./Fém.
Je	**mon** magazine	**ma** maison	**mes** articles
Tu	**ton** magazine	**ta** maison	**tes** articles
Il/Elle	**son** magazine	**sa** maison	**ses** articles
Nous/On	**notre** magazine		**nos** articles
Vous	**votre** magazine		**vos** articles
Ils/Elles	**leur** magazine		**leurs** articles

N'oublie pas ! ma, ta, sa + **voyelle** ou h muet = **mon, ton, son**

Vous avez lu **nos** articles dans **votre** magazine ?

3 Les adjectifs démonstratifs

Singulier		Pluriel
Masculin	Féminin	Masculin/Féminin
ce pantalon **cet** argent	**cette** jupe	**ces** vêtements

Tu préfères **ce** pantalon ou **cette** jupe ?

N'oublie pas ! ce + **voyelle** ou h muet = **cet**

4 Les pronoms COD

Singulier		Pluriel
Masculin	Féminin	Masculin/Féminin
le/l'	**la/l'**	**les**
N'oublie pas ! le ou la + **voyelle** ou h muet = **l'**		

La télé, je **l'**éteins quand je ne **la** regarde pas.

La place du pronom COD

Au présent : On **les** écoute. / On **ne les** écoute **pas** !
Avec un verbe + infinitif : Tu dois **les** écouter ! / Tu **ne** dois **pas les** écouter.
À l'impératif : Écoute-**les** ! / **Ne les** écoute **pas** !

LE GROUPE VERBAL

1 Le présent

Les verbes du premier groupe (-ER)

Les verbes du premier groupe ont tous la même terminaison au présent.

Attention !

Verbes en *-er*	
Je	parl **-e**
Tu	parl **-es**
Il/Elle/On	parl **-e**
Nous	parl **-ons**
Vous	parl **-ez**
Ils/Elles	parl **-ent**

Verbes en *-yer*	
Je	pai **-e**
Tu	pai **-es**
Il/Elle/On	pai **-e**
Nous	pay **-ons**
Vous	pay **-ez**
Ils/Elles	pai **-ent**

Les verbes du deuxième groupe (-IR)

Les verbes du deuxième groupe ont tous la même terminaison au présent.

Verbes en *-ir*			
Je	fin **-is**	Nous	fin **-issons**
Tu	fin **-is**	Vous	fin **-issez**
Il/Elle/On	fin **-it**	Ils/Elles fin	**-issent**

Les verbes du troisième groupe

Les verbes du troisième groupe (tous les autres verbes) n'ont pas tous la même terminaison au présent.

Verbes en *-ir* ou *-re*			
Je	... **-s** *ou* **-x**	Nous	... **-ons**
Tu	... **-s** *ou* **-x**	Vous	... **-ez**
Il/Elle/On	... **-t** *ou* **-d**	Ils/Elles	... **-ent**

N'oublie pas ! Souvent, aux deux premières personnes du pluriel, **le radical change**.

2 Le passé composé

Il exprime des actions passées.

Le passé composé avec *avoir*

Au passé composé, la plupart des verbes sont conjugués avec l'auxiliaire *avoir*.

Passé composé		
avoir au présent + **participe passé**		
J'	**ai**	
Tu	**as**	
Il/Elle/On	**a**	+ regardé
Nous	**avons**	
Vous	**avez**	
Ils/Elles	**ont**	

N'oublie pas ! Pour les verbes conjugués avec *avoir*, on n'accorde pas le participe passé avec le sujet.

Le passé composé avec *être*

Au passé composé, certains verbes sont conjugués avec l'auxiliaire *être* : les verbes pronominaux et les 14 verbes suivants : *naître, aller, venir, arriver, monter, entrer, rester, sortir, descendre, passer, partir, retourner, tomber, mourir*.

Passé composé		
être au présent + **participe passé**		
Je	**suis**	parti(e)
Tu	**es**	parti(e)
Il	**est**	parti
Elle	**est**	partie
On	**est**	parti(e)s
Nous	**sommes**	parti(e)s
Vous	**êtes**	parti(e) / parti(e)s
Ils	**sont**	partis
Elles	**sont**	parties

N'oublie pas ! Pour les verbes conjugués avec *être*, on accorde le participe passé avec le sujet.

Le participe passé

Verbes en *-ER*	→ **-é**
Verbes en *-IR*	→ **-i**
Verbes en *-OIR / -RE*	→ **-u**

Verbes irréguliers : *avoir* → **eu** ; *être* → **été** ; *faire* → **fait** ; *pouvoir* → **pu** ; *devoir* → **dû** ; *prendre* → **pris** ; *dire* → **dit** ; *lire* → **lu** ; *venir* → **venu**...

À la forme négative

sujet + **ne/n'** + avoir/être + **pas** + participe passé

3 Le futur simple

Il exprime des actions futures.
On forme le futur simple en ajoutant à l'infinitif les terminaisons du verbe *avoir* au présent.

Futur simple		
infinitif + terminaisons du verbe *avoir* au présent		
Je	regarder-	**+ ai**
Tu	demander-	**+ as**
Il/Elle/On	finir-	**+ a**
Nous	partir-	**+ ons**
Vous	prendr-	**+ ez**
Ils/Elles	attendr-	**+ ont**

N'oublie pas ! Pour les verbes en *-re*, la base = infinitif sans *e*.

N'oublie pas ! Beaucoup de verbes irréguliers changent de radical au futur simple (*être* → *je serai*, *avoir* → *j'aurai*, *aller* → *j'irai*, etc.).

4 L'impératif

C'est une forme verbale sans sujet. Il n'y a que trois personnes à l'impératif. L'impératif peut exprimer **un conseil**, **un ordre** ou **une interdiction**.

Affirmatif	Négatif
Pars !	Ne pars pas !
Partons !	Ne partons pas !
Partez !	Ne partez pas !

N'oublie pas ! Pour les verbes en *-er*, il n'y a pas de *s* au singulier.

Attends ! N'entre pas !

LA PHRASE

1 Les présentatifs

Pour parler de quelque chose ou quelqu'un, on peut utiliser « *C'est / Ce sont* » ou « *Il (Elle) est / Ils (Elles) sont* ».

Pour identifier	Pour donner son impression
Qui est-ce ? Qu'est-ce que c'est ? **C'est / Ce sont + groupe nominal** Ce sont mes parents.	C'est comment ? **C'est + adjectif masculin** Ce n'est pas beau. **Attention !** ~~Ce sont super.~~ ~~Ce ne sont pas belles.~~
Pour faire une description	
Il (Elle) est comment ? Ils (Elles) sont comment ? **Il (Elle) est / Ils (Elles) sont + adjectif** Elle est sympa.	

2 La phrase négative

La négation avec *ne... plus*.

Ne... plus indique la fin d'une action.
sujet + *ne/n'* + verbe + *plus*

Zoé ne regarde plus la télévision.

La négation avec *ne... jamais, ne... personne, ne... rien*.

Phrase affirmative	Phrase négative
Alex a déjà pris l'avion.	Alex n'a **jamais** pris l'avion.
Alex regarde toujours la télévision.	Alex **ne** regarde **jamais** ≠ la télévision.
Alex parle à quelqu'un.	Alex **ne** parle à **personne**.
Alex dit quelque chose.	Alex **ne** dit **rien**.

N'oublie pas ! *Ne... jamais, ne... personne, ne... rien* sont placés comme *ne... pas*.

Oui ou si

– Pour répondre à une question affirmative, on utilise *Oui* ou *Non*.

On a trouvé le voleur ?
Oui, on l'a trouvé.
Non, on ne l'a pas trouvé.

– Pour répondre à une question négative, on utilise *Si* ou *Non*.

On n'a pas trouvé le voleur ?
Si, on l'a trouvé.
Non, on ne l'a pas trouvé.

3 La phrase interrogative

Les mots interrogatifs

Question simple	Question avec *est-ce que*	Réponses possibles
Tu pars **quand** en vacances ? **Comment** tu pars ? Tu pars **combien de** jours ? **Pourquoi** tu ne viens pas avec nous ?	**Quand** *est-ce que* tu pars en vacances ? **Comment** *est-ce que* tu pars ? **Combien de** jours *est-ce que* tu pars ? **Pourquoi** *est-ce que* tu ne viens pas avec nous ?	Demain. En train. Cinq. **Parce que** je suis malade.

L'adjectif interrogatif *quel*

	Singulier	Pluriel
Masculin	**Quel** âge as-tu ?	**Quels** pays connais-tu ?
Féminin	**Quelle** est la capitale de ton pays ?	**Quelles** couleurs est-ce que tu préfères ?

La question formelle

Pour poser une question formelle / polie, on inverse le pronom personnel sujet et le verbe ou l'auxiliaire.
– au présent : *Quel jour **partons-nous** ?*
– au passé composé : *Combien **as-tu payé** ?*
– au futur proche : *Comment **allez-vous partir** ?*

4 La forme impersonnelle

Elle est construite avec le sujet *il*, qui ne remplace pas une chose ou une personne. Les constructions impersonnelles expriment :
– Le temps qu'il fait : ***Il fait beau, il pleut, il fait chaud, il fait froid...***
– L'heure : ***Il est... heures.***
– La nécessité / l'obligation : ***Il faut** + infinitif, **il est important / nécessaire / obligatoire** de + infinitif...*

Il fait chaud ! Viens, il ne faut pas rester au soleil !

LA LOCALISATION

1 Localiser dans le temps

Les indicateurs de temps

L'année dernière La semaine dernière	Hier Hier matin Hier soir	Aujourd'hui Ce matin Cette semaine	Demain Demain soir Bientôt	Plus tard Dans... semaines / mois / ans

2 Localiser dans l'espace

Les prépositions de lieu

Les prépositions de lieu *(où on est / où on va)*	
À +	Ville *(à Paris)* Île *(à Cuba)*
En +	Pays féminin *(en France)* Pays commençant par une voyelle *(en Irak)* Continent *(en Asie)*
Au +	Pays masculin *(au Brésil)*
Aux +	Pays pluriel *(aux États-Unis)* Archipel *(aux Maldives)*
Chez +	Personne *(chez toi, chez mon copain)*

N'oublie pas ! pays féminins = pays avec e final
Exceptions : **le** Cambodge, **le** Mexique, **le** Mozambique, **le** Zimbabwe.

L'EXPRESSION DE LA CONDITION

Si au présent

condition = « si » + présent, **résultat** = présent

Si tu es malade, tu dois rester au lit.

Tu peux venir si tu veux.

LES CONJUGAISONS

		Présent	Passé composé	Futur simple	Impératif
Avoir	J'	ai	ai eu	aurai	
	Tu	as	as eu	auras	Aie !
	Il/Elle/On	a	a eu	aura	
	Nous	avons	avons eu	aurons	Ayons !
	Vous	avez	avez eu	aurez	Ayez !
	Ils/Elles	ont	ont eu	auront	
Être	Je/J'	suis	ai été	serai	
	Tu	es	as été	seras	Sois !
	Il/Elle/On	est	a été	sera	
	Nous	sommes	avons été	serons	Soyons !
	Vous	êtes	avez été	serez	Soyez !
	Ils/Elles	sont	ont été	seront	
Regarder	Je/J'	regarde	ai regardé	regarderai	
	Tu	regardes	as regardé	regarderas	Regarde !
	Il/Elle/On	regarde	a regardé	regardera	
	Nous	regardons	avons regardé	regarderons	Regardons !
	Vous	regardez	avez regardé	regarderez	Regardez !
	Ils/Elles	regardent	ont regardé	regarderont	
Finir	Je/J'	finis	ai fini	finirai	
	Tu	finis	as fini	finiras	Finis !
	Il/Elle/On	finit	a fini	finira	
	Nous	finissons	avons fini	finirons	Finissons !
	Vous	finissez	avez fini	finirez	Finissez !
	Ils/Elles	finissent	ont fini	finiront	
Prendre	Je/J'	prends	ai pris	prendrai	
	Tu	prends	as pris	prendras	Prends !
	Il/Elle/On	prend	a pris	prendra	
	Nous	prenons	avons pris	prendrons	Prenons !
	Vous	prenez	avez pris	prendrez	Prenez !
	Ils/Elles	prennent	ont pris	prendront	
Aller	Je/J'	vais	suis allé(e)	irai	
	Tu	vas	es allé(e)	iras	Va !
	Il/Elle/	va	est allé(e)	ira	
	On	va	est allé(e)s	ira	
	Nous	allons	sommes allé(e)s	irons	Allons !
	Vous	allez	êtes allé(e)(s)	irez	Allez !
	Ils/Elles	vont	sont allé(e)s	iront	
Faire	Je/J'	fais	ai fait	ferai	
	Tu	fais	as fait	feras	Fais !
	Il/Elle/On	fait	a fait	fera	
	Nous	faisons	avons fait	ferons	Faisons !
	Vous	faites	avez fait	ferez	Faites !
	Ils/Elles	font	ont fait	feront	
Vouloir	Je/J'	veux	ai voulu	voudrai	
	Tu	veux	as voulu	voudras	Veux/Veuille !
	Il/Elle/On	veut	a voulu	voudra	
	Nous	voulons	avons voulu	voudrons	Voulons !
	Vous	voulez	avez voulu	voudrez	Voulez/Veuillez !
	Ils/Elles	veulent	ont voulu	voudront	

Le lexique répertorie les mots contenus dans les textes, documents et exercices. Le numéro qui figure à gauche du mot renvoie au numéro de l'unité où le mot apparaît pour la première fois. La traduction fournie est donc celle de l'acception de ce mot dans le contexte de son premier emploi. Certains mots « transparents » n'ont pas été répertoriés.

adj. adjectif	loc. locution	prép. préposition	v. intr. verbe intransitif	
adv. adverbe	n. f. nom féminin	pron. pronom	v. irr. verbe irrégulier	
conj. conjonction	n. m. nom masculin	v. aux. verbe auxiliaire	v. pron. verbe pronominal	
interj. interjection	plur. pluriel	v. imp. verbe impersonnel	v. tr. verbe transitif	

	anglais	espagnol	allemand	portugais	grec
4 accident, n. m.	accident	accidente	Unfall	acidente	ατύχημα
5 accuser, v. tr.	to accuse	acusar	beschuldigen	acusar	κατηγορώ
6 achat, n. m.	purchase	compra	Kauf	compra	ψώνιο
4 actualités, n. f. plur.	news	las noticias	Nachrichten	actualidades	ειδήσεις
8 adopter, v. tr.	to adopt	adoptar	adoptieren	adoptar	υιοθετώ
7 agir, v. intr.	to act	actuar	handeln	agir	ενεργώ
8 air, n. m.	air	aire	Luft	ar,	αέρας
8 ajouter, v. tr.	to add	añadir	hinzufügen	acrescentar	προσθέτω
3 alimentation, n. f.	food	alimentación	Ernährung	alimentação	διατροφή
0 Allemagne, n. f.	Germany	Alemania	Deutschland	Alemanha	Γερμανία
0 allemand(e), adj.	German	alemán(a)	deutsch	alemão (ã)	Γερμανικός(η)
4 ancien, adj.	old	antiguo	alt	antigo	παλιός
0 Angleterre, n. f.	England	Inglaterra	England	Inglaterra	Αγγλία
0 animateur, n. m.	presenter	animador	Animateur	animador	παρουσιαστής
5 apercevoir, v. tr.	to notice	apercibir	bemerken	aperceber	διακρίνω
7 arbre, n. m.	tree	árbol	Baum	árvore	δέντρο
6 argent de poche, n. m.	pocket money	dinero para gastos menudos	Taschengeld	mesada	χαρτζιλίκι
6 argent, n. m.	money	dinero	Geld	dinheiro	χρήματα
5 arme, n. f.	weapon	arma	Gewehr	arma	όπλο
2 arrêter, v. tr.	to arrest	parar, detener	anhalten	parar	σταματώ
8 article, n. m.	article	artículo	Artikel	artigo	άρθρο
3 assez, adv.	enough	bastante	genug	bastante	αρκετά
0 attendre, v. tr. et irr.	to wait	esperar	erwarten	esperar	περιμένω
6 aubergiste, n.	innkeeper	proprietario de una posada	Wirt	albergueiro	πανδοχέας
6 australien(ne), adj.	Australian	australiano(a)	australisch	australiano(a)	αυστραλός (η)
6 autobiographique, adj.	autobiographical	autobiográfico	autobiographisch	autobiográfico	αυτοβιογραφικός
4 autographe, n. m.	autograph	autógrafo	Autogramm	autógrafo	αυτόγραφο
8 automobile, n. f.	automobile	automóvil, coche	Automobil	automóvel	αυτοκίνητο
0 Autriche, n. f.	Austria	Austria	Österreich	Áustria	Αυστρία
0 avenir, n. m.	future	futuro	Zukunft	futuro	μέλλον
3 avoir besoin de, v. tr.	to need	tener necesidad de	benötigen	precisar de	έχω ανάγκη
2 avoir honte, n. f.	to be ashamed	tener vergüenza	sich schämen	ter vergonha	ντρέπομαι
4 banane, n. f.	banana	plátano	Banane	banana	μπανάνα
5 banque, n. f.	bank	banco	Bank	banco	τράπεζα
5 basket, n. f.	trainer	zapatilla de deporte	Turnschuhe	sapatilha	σπορτέξ
8 bateau-mouche, n. m.	pleasure boat	barco ómnibus	Vergnügungsdampfer	bateau-mouche	ατμόπλοιο
3 beaucoup, adv.	a lot	mucho	viel	muito	πολύ
0 Belgique, n. f.	Belgium	Bélgica	Belgien	Bélgica	Βέλγιο
2 bête, adj.	stupid	estúpido, tonto	doof	besta	ανόητος
3 beurre, n. m.	butter	mantequilla	Butter	manteiga	βούτυρο
1 bibliothèque, n. f.	library	biblioteca	Bibliothek	biblioteca	βιβλιοθήκη
6 billet, n. m.	bank note	billete	Banknote	nota	χαρτονόμισμα
3 biscuit, n. m.	biscuit	galleta	Keks	bolacha	μπισκότο
2 bleu(e), adj.	blue	azul	blau	azul	μπλε
4 blog, n. m.	blog	blog	Blog	blog	blog
2 bobo, n. m.	sore	pupa, daño	Wehweh	dóidói	μιμί
2 bœuf, n. m.	beef	buey, carne de vaca	Rind	boi	μοσχάρι
3 boire, v. tr.	to drink	beber	trinken	beber	πίνω
6 boucle d'oreilles, n. f.	earring	pendiente	Ohrring	brinco	σκουλαρίκια
1 boulangerie, n. f.	baker's shop	panadería	Bäckerei	padaria	αρτοποιείο
1 boulevard, n. m.	boulevard	bulevar	Straße	avenida	λεωφόρος
5 braquage, n. m.	hold-up	atraco	Banküberfall	viragem	στρίψιμο τροχών
2 bras, n. m.	arm	brazo	Arm	braço	μπράτσο
0 brésilien(ne), adj.	Brazilian	brasileño(a)	brasilianisch	brasileiro(a)	βραζιλιάνικος (η)
2 brûler, v. tr.	to burn	quemar	verbrennen	queimar	καίω
1 cacher, v. tr.	to hide	ocultar	verstecken	esconder	κρύβω
1 café, n. m.	café	café	Café	café	καφετέρια
3 cafétéria, n. f.	cafeteria	cafetería	Cafeteria	pastelaria	καφετέρια
8 canard, n. m.	duck	pato	Ente	pato	πάπια
2 capitale, n. f.	capital	capital	Hauptstadt	capital	πρωτεύουσα
5 carré, n. m.	square	cuadrado	Quadrat	quadrado	τετράγωνο
8 carte à puce, n. f.	smart card	tarjeta magnética	Speicherkarte	chip	έξυπνη κάρτα
2 casser, v. tr.	to break	romper	brechen	quebrar	σπάω
1 cathédrale, n. f.	cathedral	catedral	Kathedrale	catedral	καθεδρικός
4 ceinture, n. f.	belt	cinturón	Gürtel	cinto	ζώνη
6 cent, adj. et n. m.	hundred	ciento, cien	Hundert	cem	εκατό
8 centaine, n. f.	about a hundred	centena	an die hundert	centena	εκατό
3 céréales, n. f. plur.	cereals	cereales	Getreide, Flocken	cereais	δημητριακά
7 chaleur, n. f.	heat	calor	Hitze	calor	ζέστη
1 champion(ne), adj.	champion	campeón(a)	Sieger/Siegerin	campeão(ã)	πρωταθλητής(τρια)
1 château, n. m.	castle	castillo	Schloß	castelo	κάστρο
4 chatter, v. intr.	to chat	chatear	chatten	«chatar»	κολακεύω
2 chaud, adj.	hot	caliente	heiß	quente	ζεστός
6 chaussure, n. f.	shoe	zapato	Schuh	sapato	παπούτσι
1 chemin, n. m.	way	camino	Weg	caminho	μονοπάτι
6 cher, adv.	dear	querido(a)	lieb	caro	ακριβός
2 cheveux, n. m. plur.	hair	cabello, pelo	Haare	cabelo	μαλλιά

Lexique

	Français	English	Español	Deutsch	Português	Ελληνικά
1	chocolat, n. m.	chocolate	chocolate	Schokolade	chocolate	σοκολάτα
0	Chypre, n. f.	Cyprus	Chipre	Zypern	Chipre,	Κύπρος
8	ciel, n. m.	sky	cielo	Himmel	céu	γαλάζιος
4	clé, n. f.	key	llave	Schlüssel	chave	κλειδί
1	coin, n. m.	corner	esquina	Ecke	esquina	γωνία
3	combien, adv.	how much/many	cuánto	wie viel	quanto	πόσο
3	commander, v. tr.	to order	encargar, pedir	bestellen	encomendar	διοικώ
1	commerce, n. m.	commerce	comercio, negocio	Handel	comércio	εμπόριο
4	communication, n. f.	communication	comunicación	Kommunikation	comunicação	επικοινωνία
8	communiquer, v. tr.	to communicate	comunicar	kommunizieren	comunicar	επικοινωνώ
6	compter sur, v. tr.	to count on	contar con	auf etwas zählen	contar com	υπολογίζω σε
7	confier, v. tr.	to confide	confiar	anvertrauen	confiar	εμπιστεύομαι
4	conservatoire, n. m.	conservatoire	conservatorio	Konservatorium	conservatório	ωδείο
8	construire, v. tr. et irr.	build	construir	konstruieren	construir	κατασκευάζω
6	conte, n. m.	story	cuento	Erzählung	conto	παραμύθι
2	content, adj.	happy	contento	zufrieden	contente	ικανοποιημένος
1	continuer, v. t. et int.	continue,	continuar	weitermachen	continuar	συνεχίζω
7	contre, prép.	against	contra	gegen	contra	ενάντια
2	corps, n. m.	body	cuerpo	Körper	corpo	κορμί
0	correspondant(e), n.	correspondent	corresponsal	Briefpartner	correspondente	ανταποκριτής(τρια)
7	couler, v. intr.	to run	correr	fließen	correr	ρέω
5	coupable, n.	guilty	culpable	schuldig	culpado	ένοχος
2	courage, n. m.	courage	valor, coraje	Mut	coragem	κουράγιο
6	couronne, n. f.	crown	corona	Krone	coroa	κορώνα
7	courses, n. f. plur.	shopping	compras	Einkäufe	compras	ψώνια
6	coûter, v. intr.	to cost	costar	kosten	custar	κοστίζω
3	crêpe, n. f.	pancake	crêpe	Crêpe	crepe	κρέπα
2	cuillère, n. f.	spoon	cuchara	Löffel	colher	κουτάλι
8	cuisinier/cuisinière, n.	chef/cook	cocinero(a)	Koch/Köchin	cozinheiro/cozinheira	μάγειρας/μαγείρισσα

D

	Français	English	Español	Deutsch	Português	Ελληνικά
0	Danemark, n. m.	Denmark	Dinamarca	Dänemark	Dinamarca	Δανία
7	danger, n. m.	danger	peligro	Gefahr	perigo	κίνδυνος
6	début, n. m.	beginning	principio	Beginn	início	αρχή
7	déchet, n. m.	waste	residuo	Abfall	residuo	μείωση
4	découverte, n. f.	discovery	descubrimiento	Entdeckung	descoberta	ανακάλυψη
5	déjà, adv.	already	ya	schon	já	ήδη
1	délicieux, adj.	delicious	delicioso	lecker	delicioso	νόστιμος
2	demain, adv.	tomorrow	mañana	morgen	amanhã	αύριο
1	dent, n. f.	tooth	diente	Zahn	dente	δόντι
6	dépenser, v. t.	to spend	gastar	ausgeben	gastar	ξοδεύω
4	dernier/dernière), adj.	last	último(a)	letzer/letzte	último/última	τελευταίος/τελευταία
5	descendre, v. intr. et tr., irr.	to go down	bajar	absteigen	descer	κατεβαίνω
6	désert, n. m.	desert	desierto	Wüste	sobremesa	επιδόρπιο
6	devenir, v. intr. et irr.	to become	volverse	werden	tornar	γίνομαι
7	devoir, v. tr. et aux.	to have to	deber	müssen	dever	πρέπει
4	devoirs, n. m. plur.	homework	tareas	Hausaufgaben	trabalhos de casa	μαθήματα
7	diminuer, v. tr. et intr.	to reduce	disminuir	verringern	diminuir	μειώνω
1	direction, n. f.	direction	dirección	Richtung	direcção	κατεύθυνση
7	discussion, n. f.	discussion	discusión	Diskussion	discussão	συζήτηση
4	discuter, v. tr.	to discuss	discutir	diskutieren	discutir	συζητώ
5	disparaître, v. intr. et irr.	to disappear	desaparecer	verschwinden	desaparecer	εξαφανίζομαι
1	doigt, n. m.	finger	dedo	Finger	dedo	δάκτυλο
2	dos, n. m.	back	espalda	Rücken	costas	πλάτη
2	douloureux(se), adj.	painful	doloroso(a)	schmerzend	doloroso(a)	επώδυνος(η)
8	drapeau, n. m.	flag	bandera	Fahne	bandeira	σημαία
1	droite, n. f.	right	derecha	rechts	direita	δεξιά
1	drôle, adj.	funny	divertido	lustig	engraçado	παράξενος
2	dur(e), adj.	hard	duro(a), difícil	hart	duro(a)	σκληρός(η)
8	durable, adj.	durable	duradero	dauerhaft	duradouro	διαρκής

E

	Français	English	Español	Deutsch	Português	Ελληνικά
2	eau, n. f.	water	agua	Wasser	água	νερό
6	économiser, v. tr.	to save	economizar	sparen	economizar	εξοικονομώ
1	église, n. f.	church	iglesia	Kirche	igreja	εκκλησία
4	électricité, n. f.	electricity	electricidad	Elektrizität	electricidade	ηλεκτρισμός
4	émission, n. f.	programme	emisión	Ausgabe	emissão	εκπομπή
2	en avoir marre, loc.	to be fed up with	estar harto(a)	etwas satt haben	estar farto	βαριέμαι
5	en colère, loc.	angry	enfadado(a)	wütend	em fúria	θυμωμένος
1	en face de, loc.	opposite	en frente de	gegenüber	à frente de	μπροστά
3	en forme, loc.	fit	en forma	fit	em forma	σε φόρμα
3	énergie, n. f.	energy	energía	Energie	energia	ενέργεια
6	enfance, n. f.	childhood	infancia	Kindheit	infância	παιδικά χρόνια
4	enfermer, v. tr.	to lock up	encerrar	einschließen	fechar	φυλακίζω
5	enquête, n. f.	enquiry	encuesta	Untersuchung	inquérito	έρευνα
7	environnement, n. m.	environment	medio ambiente	Umwelt	ambiente	περιβάλλον
1	épicerie, n. f.	grocer's shop	colmado	Lebensmittelgeschäft	especiaria	παντοπωλείο
4	escalader, v. tr.	to climb	escalar, trepar	erklimmen	escalar	σκαρφαλώνω
8	espace, n. m.	space	espacio	Weltraum	espaço	διάστημα
0	Espagne, n. f.	Spain	España	Spanien	Espanha	Ισπανία
0	espagnol(e), adj.	Spanish,	español(a)	spanisch	espanhol(a)	Ισπανικός(η)
0	essayer, v. t.	try,	probar	versuchen	experimentar	προσπαθώ
0	Estonie, n. f.	Estonia	Estonia	Estland	Estónia	Εσθονία
7	éteindre, v. tr.	to switch off	apagar	löschen	apagar	σβήνω
6	étonnant(e), adj.	surprising	asombroso(a), sorprendente	erstaunlich	surpreendente	εκπληκτικός(η)
6	euro, n. m.	euro	euro	Euro	euro	ευρώ
0	Europe, n. f.	Europe	Europa	Europa	Europa	Ευρώπη
0	européen(ne), adj.	European	europeo(a)	europäisch	europeu(eia)	Ευρωπαϊκός(η)
8	évolution, n. f.	evolution	evolución	Evolution	evolução	εξέλιξη
8	exister, v. intr.	to exist	existir	existieren	existir	υπάρχει
4	exploit, n. m.	exploit	hazaña	Leistung	proeza	κατόρθωμα

	Français	English	Español	Deutsch	Português	Ελληνικά
8	extra-terrestre, *adj. et n.*	alien	extraterrrestre	außerirdisch	extraterrestre	εξωγήινος
7	falloir, *v. imp.*	to be necessary,	necesitar	müssen	ser preciso	πρέπει
3	farine, *n. f.*	flour	harina	Mehl	farinha	αλεύρι
6	fatigué(e), *adj.*	tired	cansado(a)	müde	cansado(a)	κουρασμένος(η)
6	filer, *v. tr.*	to give	dar	geben	passar	δίνω
4	fillette, *n. f.*	girl	niña	Mädchen	menina	κοριτσάκι
2	finir, *v. tr. et intr.*	to finish	acabar	beenden	acabar	τελειώνω
0	Finlande, *n. f.*	Finland	Finlandia	Finnland	Finlândia	Φιλανδία
8	fixer, *v. tr.*	to fix	fijar	fixieren	fixar	στερεώνω
7	fleur, *n. f.*	flower	flor	Blume	flor	λουλούδι
7	fondre, *v. tr., intr. et irr.*	to melt	fundir(se), derretir(se)	schmelzen	derreter	διαλύω(ομαι)
3	fouet, *n. m.*	whip	látigo	Peitsche	castigo	μαστίγιο
7	fouetter, *v. tr.*	to whip	dar latigazos a	peitschen	açoitar	δέρνω
3	frite, *n. f.*	chip	patata frita	Fritte	batata frita	τηγάνι
3	fromage, *n. m.*	cheese	queso	Käse	queijo	τυρί
3	fruit, *n. m.*	fruit	fruta	Frucht, Obst	fruto	φρούτο
8	fusée, *n. f.*	rocket	cohete	Rakete	foguetão	πύραυλος
8	futur, *n. m.*	future	futuro	Zukunft	futuro	μέλλον
6	gagner, *v. tr.*	to earn	ganar	gewinnen	ganhar	κερδίζω
5	gant, *n. m.*	glove	guante	Handschuh	luva	γάντι
7	garage, *n. m.*	garage	garaje	Garage	garagem	γκαράζ
6	garder, *v. tr.*	to keep	conservar, cuidar	halten	guardar	φυλάω
6	gauche, *n.*	left	izquierda	links	esquerda	αριστερά
4	gaufre, *n. f.*	wafer	gofre	Waffel	gaufre	βάφλα
7	géant(e), *adj.*	giant	gigante	riesig	gigante	γιγαντιαίος(α)
6	gérer, *v. tr.*	manage	administrar	führen	gerir	διευθύνω
3	glace, *n. f.*	ice cream	hielo, helado	Eis	gelado	παγωτό
4	gourmand(e), *adj.*	greedy	goloso(a)	esslustig	guloso(a)	καλοφαγάς
3	goûter, *n. m.*	afternoon tea	merienda	Imbiss	lanche	κολατσιό
1	goûter, *v. tr. et intr.*	to taste	probar	probieren	lanchar	δοκιμάζω
2	grave, *adj.*	serious	grave, serio	ernst	grave	σοβαρός
0	Grèce, *n. f.*	Greece	Grecia	Griechenland	Grécia	Ελλάδα
3	grossir, *v. tr. et intr.*	to get fatter/fatten up	engordar	zunehmen	engordar	μεγαλώνω
2	guérir, *v. tr.*	to cure	curar	heilen	curar	θεραπεύω
5	guide, *n.*	guide	guía	Führer	guia	οδηγός
8	habitant, *n. m.*	inhabitant	habitante	Einwohner	habitante	κάτοικος
4	heureusement, *adv.*	fortunately	felizmente	glücklicherweise	felizmente	ευτυχώς
4	hier, *adv.*	yesterday	ayer	gestern	ontem	χθες
1	historique, *adj.*	historical	histórico	historisch	histórico	ιστορικός
0	Hongrie, *n. f.*	Hungary	Hungría	Ungarn	Hungria	Ουγγαρία
2	hôpital, *n. m.*	hospital	hospital	Krankenhaus	hospital	νοσοκομείο
6	humeur, *n. f.*	humour	humor	Stimmung	humor	διάθεση
0	île, *n. f.*	island	isla	Insel	ilha	νησί
4	incroyable, *adj.*	unbelievable	increíble	unglaublich	incrível	απίστευτος
1	indiquer, *v. tr.*	to indicate	indicar	angeben	indicar	δείχνω
8	infirmier/infirmière, *n.*	nurse	enfermero(a)	Krankenpfleger/Kranken-schwester	enfermeiro/enfermeira	νοσοκόμος/νοσοκόμα
4	information/info, *n. f.*	information/info	información, info	Information/Info	informação	πληροφορία
4	informer, *v. tr. et intr.*	to inform	informar	informieren	informar	πληροφορώ
8	insecte, *n. m.*	insect	insecto	Insekt	insecto	έντομο
8	insolite, *adj.*	unusual	insólito	ungewöhnlich	insólito	παράξενος
8	instituteur/institutrice, *n.*	primary school teacher	maestro(a)	Lehrer/Lehrerin	professor/professora	δάσκαλος/δασκάλα
7	interdiction, *n. f.*	to ban	interdicción, prohibición	Verbot	interdição	απαγόρευση
4	Internet, *n. m.*	Internet	Internet	Internet	Internet	Διαδίκτυο
0	Irlande, *n. f.*	Ireland	Irlanda	Irland	Irlanda	Ιρλανδία
0	Italie, *n. f.*	Italy	Italia	Italien	Itália	Ιταλία
0	italien(ne), *adj.*	Italian	italieno(a)	italienisch	italiano(a)	ιταλικός(η)
5	jamais, *adv.*	never	nunca, jamás	niemals	nunca	ποτέ
2	jambe, *n. f.*	leg	pierna	Bein	perna	πόδι
6	jardinage, *n. m.*	gardening	jardinería	Gartenarbeit	jardinagem	κηπουρική
6	jaune, *adj.*	yellow	amarillo	gelb	amarelo	κίτρινο
7	jeter, *v. tr.*	to throw	lanzar, tirar	werfen	deitar fora	πετώ
1	jeu de piste, *n. m.*	treasure hunt	juego de pistas	Schnitzeljagd	jogo de pista	αγώνες πίστας
4	journal/journaux, *n. m/plur.*	newspaper(s)	periódico(s)	Zeitung/Zeitungen	jornal/jornais	εφημερίδα/εφημερίδες
4	judo, *n. m.*	judo	judo, yudo	Judo	judo	τζούντο
6	jupe, *n. f.*	skirt,	falda	Rock	saia	φούστα
3	jus de fruits, *n. m.*	fruit juice	zumo de frutas	Fruchtsaft	sumo de frutas	χυμός φρούτων
1	kilomètre, *n. m.*	kilometre	kilómetro	Kilometer	quilómetro	χιλιόμετρο
1	là, *adv.*	there	ahí, allí, aquí	dort	aqui	εκεί
8	laboratoire, *n. m.*	laboratory	laboratorio	Labor	laboratório	εργαστήριο
7	laisser, *v. tr.*	to leave	dejar	lassen	deixar	αφήνω
3	lait, *n. m.*	milk	leche	Milch	leite	γάλα
3	légume, *n. m.*	vegetable	verdura	Gemüse	legume	λαχανικό
0	Lettonie, *n. f.*	Latvia	Letonia	Lettland	Letónia	Λετονία
4	libérer, *v. tr.*	to liberate	liberar	befreien	libertar	ελευθερώνω
4	libre, *adj.*	free	libre	frei	livre	ελεύθερος
2	lieu, *n. m.*	place	lugar	Ort	local	τόπος
7	limiter, *v. tr.*	to limit	limitar	eingrenzen	limitar	περιορίζω
3	litre, *n. m.*	litre	litro	Liter	litro	λίτρο
6	littérature, *n. f.*	literature	literatura	Literatur	literatura	λογοτεχνία
0	Lituanie, *n. f.*	Lithuania	Lituania	Litauen	Lituânia	Λιθουανία
0	lituanien(ne), *adj.*	Lithuanian	lituano(a)	litauisch	lituano(a)	λιθουανικός(η)
8	longtemps, *adv.*	a long time	mucho tiempo	lange	muito tempo	για πολύ καιρό
7	lumière, *n. f.*	light	luz	Licht	luz	φως
0	Luxembourg, *n. m.*	Luxembourg	Luxemburgo	Luxemburg	Luxemburgo	Λουξεμβούργο

Lexique

	French	English	Spanish	German	Portuguese	Greek
0	lyonnais(e), *adj.*	from Lyon	lionés, lionesa	aus Lyon	lionês(a)	της Λυόν
M						
1	magasin, *n. m.*	shop	tienda	Geschäft	loja	κατάστημα
1	magnifique, *adj.*	magnificent	magnífico	herrlich	magnífico	καταπληκτικός
2	main, *n. f.*	hand	mano	Hand	mão	χέρι
2	malade, *adj.*	sick	enfermo(a)	krank	doente	άρρωστος
4	malaise, *n. m.*	sickness	malestar	Unwohlsein	mal-estar	δύσκολος
2	malheureux(se), *adj.*	unfortunate	infeliz	unglücklich	infeliz	δυστυχισμένος(η)
0	Malte, *n. f.*	Malta	Malta	Malta	Malta	Μάλτα
1	marionnette, *n. f.*	marionette	marioneta	Marionnette	marioneta	μαριονέτα
0	marocain(e), *adj.*	Moroccan	marroquí	marokkanisch	marroquino(a)	μαροκινός(η)
6	marron, *adj.*	brown	marrón	braun	castanho	καφέ
8	Mars, *n. f.*	Mars	Marte	Mars	Março	Άρης
5	mauvais(e), *adj.*	bad,	malo(a)	schlecht	mau(á)	κακός(η)
2	mauviette, *n. f.*	weakling	alfeñique	Schwächling	cotovia	καχεκτικός
2	médecin, *n. m.*	doctor	médico	Arzt	médico	γιατρός
4	média, *n. m.*	media	medios de comunicación	Medien	media	MME
2	médicament, *n. m.*	medication	medicamento	Medikament	medicamento	φάρμακο
3	mélanger, *v. tr.*	to mix	mezclar	mischen	misturar	ανακατεύω
6	ménage, *n. m.*	household	limpieza	Haushalt	limpeza	νοικοκυριό
5	mener l'enquête, *v. tr.*	to carry out an enquiry	dirigir la investigación	eine Untersuchung führen	conduzir o inquérito	διάγω έρευνα
2	menu, *n. m.*	menu	menú	Menü	menu	κατάλογος
7	météo/météorologie, *n. f.*	weather forecast(ing)	metereología	Wettervorhersage	meteorologia	μετεωρολογία
8	métier, *n. m.*	job	oficio	Beruf	profissão	επάγγελμα
0	mexicain(e), *adj.*	Mexican	mejicano(a), mexicano(a)	mexikanisch	mexicano(a)	μεξικανικός (η)
2	mille, *n.*	thousand	mil	Tausend	mil	χίλια
8	milliard, *n. m.*	billion	mil millones	Milliarde	mil milhões	δισεκατομμύριο
8	million, *n. m.*	million	millón	Million	milhão	εκατομμύριο
7	mission, *n. f.*	mission	misión	Mission	missão	αποστολή
1	moderne, *adj.*	modern	moderno	modern	moderno	μοντέρνος
7	mouillé, *adj.*	soaked	mojado(a)	nass	molhado	βρεγμένος
6	mousquetaire, *n. m.*	musketeer	mosquetero	Musketier	mosqueteiro	σωματοφύλακας
5	moustache, *n. f.*	moustache	bigote	Bart	bigode	μουστάκι
8	mouton, *n. m.*	sheep	oveja	Schaf	carneiro	πρόβατο
1	musée, *n. m.*	museum	museo	Museum	museu	μουσείο
N						
0	nationalité, *n. f.*	nationality	nacionalidad	Staatsangehörigkeit	nacionalidade	εθνικότητα
7	nature, *n. f.*	nature	naturaleza	Natur	natureza	φύση
0	néerlandais(e), *adj.*	Dutch	neerlandés(a)	niederländisch	holandês(a)	ολλανδικός(η)
7	neige, *n. f.*	snow	nieve	Schnee	neve	χιόνι
7	neiger, *v. imp.*	to snow	nevar	schneien	nevar	χιονίζει
2	nez, *n. m.*	nose	nariz	Nase	nariz	μύτη
0	nord, *n. m.*	north	norte	Nord	norte	βορράς
6	note, *n. f.*	mark	nota	Note	nota	βαθμός
O						
7	obligation, *n. f.*	obligation	obligación	Verpflichtung	obrigação	υποχρέωση
7	obligatoire, *adj.*	obligatory	obligatorio	verpflichtend	obrigatório	υποχρεωτικός
8	obtenir, *v. tr.*	to obtain	obtener	erhalten	obter	πετυχαίνω
6	occasion, *n. f.*	opportunity	ocasión	Gelegenheit	ocasião	ευκαιρία
7	océan, *n. m.*	ocean	océano	Ozean	oceano	ωκεανός
2	œil/yeux, *n. m./n. m. plur.*	eye(s)	ojo(s)	Auge/Augen	olho/olhos	μάτι/μάτια /
8	œuf, *n. m.*	egg	huevo	Ei	ovo	αυγό
1	office du tourisme, *n. m.*	tourist office	oficina de turismo	Verkehrsamt	posto de turismo	γραφείο τουρισμού
2	orage, *n. m.*	storm	tormenta, tempestad	Gewitter	trovoada	καταιγίδα
6	orange, *adj.*	orange	naranja	orange	laranja	πορτοκαλί
0	origine, *n. f.*	origin	origen	Ursprung	origem	καταγωγή
P						
3	pain, *n. m.*	bread	pan	Brot	pão	ψωμί
4	paix, *n. f.*	peace	paz	Frieden	paz	ειρήνη
6	panne, *n. f.*	breakdown	avería	Panne	avaria	βλάβη
7	papier, *n. m.*	paper	papel	Papier	papel	χαρτί
1	parc, *n. m.*	park	parque	Park	parque	πάρκο
2	parce que, *loc.*	because	porque	weil	porque	επειδή
6	parfois, *adv.*	sometimes	a veces	manchmal	por vezes	κάποιες φορές
6	parfum, *n. m.*	flavour	perfume	Parfum	perfume	άρωμα
8	passer ses vacances, *v. tr.*	spend one's holiday	pasar sus vacaciones	Ferien verbringen	passar as férias	περνώ τις διακοπές
1	passer, *v. intr.*	to pass	pasar	vorbeigehen	passar	περνώ
2	passionné, *adj.*	enthusiastic	apasionado(a)	leidenschaftlich	apaixonado	παθιασμένος
4	pâtisserie, *n. f.*	cake shop	pastelería	Konditorei	pastelaria	ζαχαροπλαστείο
6	payer, *v. tr.*	to pay	pagar	zahlen	pagar	πληρώνω
0	Pays-Bas, *n. m. plur.*	Holland	Países Bajos	Niederlande	Holanda	Κάτω Χώρες
2	peau, *n. f.*	skin	piel	Haut	pele	δέρμα
4	perdre connaissance, *v. tr.*	lose consciousness	perder conocimiento	Bewusstsein verlieren	ficar inconsciente	λιποθυμώ
5	personne, *pron.*	nobody	nadie	niemand	ninguém	κανείς
8	pétrole, *n. m.*	oil	petróleo	Öl	petróleo	πετρέλαιο
2	peu, *adv.*	little	poco	wenig	pouco	λίγο
5	peut-être, *adv.*	perhaps	quizás	vielleicht	talvez	ίσως
1	pharmacie, *n. f.*	pharmacy	farmacia	Apotheke	farmácia	φαρμακείο
8	pilote, *n. m.*	pilot	piloto	Pilot	piloto	πιλότος
1	place, *n. f.*	square	plaza	Platz	lugar	μέρος
2	plage, *n. f.*	beach	playa	Strand	praia	παραλία
1	plan, *n. m.*	plan	plano, plan	Plan	plano	σχέδιο
1	planète, *n. f.*	planet	planeta	Planet	planeta	πλανήτης
3	plastique, *adj. et n.*	plastic	plástico	Plastik	plástico	πλαστικό
3	plat, *n. m.*	dish	plato	Gericht	prato	πιάτο
2	pleurer, *v. tr. et intr.*	to cry	llorar	weinen	chorar	κλαίω
3	pleuvoir, *v. imp.*	to rain	llover	regnen	chover	βρέχει
7	pluie, *n. f.*	rain	lluvia	Regen	chuva	βροχή
7	plus (négation), *adv.*	no more	ya no	nicht mehr	também não/ nunca mais	πλέον
8	plus tard, *adv.*	later	más tarde	später	mais tarde	αργότερα

poche, n. f.	pocket	bolsillo	Tasche	bolso	τσέπη
poêle, n. f.	frying pan	sartén	Pfanne	frigideira	τηγάνι
poème, n. m.	poem	poema	Gedicht	poema	ποίημα
poisson, n. m.	fish	pez, pescado	Fisch	peixe	ψάρι
police, n. f.	police	policía	Polizei	polícia	αστυνομία
pollution, n. f.	pollution	contaminación	Umweltverschmutzung	poluição	μόλυνση
Pologne, n. f.	Poland	Polonia	Polen	Polónia	Πολωνία
pompier, n. m.	fireman	bombero	Feuerwehrmann	bombeiro	Πυροσβέστης
porter, v. tr.	to wear	llevar	tragen	trazer vestido	φορώ
portugais(e), adj.	Portuguese	portugués(a)	portugiesisch	português(a)	πορτογαλικός(η)
Portugal, n. m.	Portugal	Portugal	Portugal	Portugal	Πορτογαλία
poubelle, n. f.	bin	basura	Abfalleimer	caixote do lixo	σκουπίδια
poulet, n. m.	chicken	pollo	Hähnchen	frango	κοτόπουλο
pour-cent, n. m.	percent	por ciento	Prozent	por cento	ποσοστό
pourquoi, adv.	why	por qué	warum	porquê	γιατί
pousser, v. tr.	to push	empujar, lanzar	stoßen	empurrar / crescer	σπρώχνω
pouvoir, v. tr. et irr.	to be able	poder	können	poder	μπορώ
précieux/précieuse, adj.	precious	precioso(a)	wertvoll	precioso/preciosa	πολύτιμος/πολύτιμη
présentateur/trice, n.	presenter	presentador(a)	Moderator/Moderatorin	apresentador/apresentadora	παρουσιαστής/παρουσιάστρια
prêter, v. tr.	lend	prestar	borgen	emprestar	δανείζω
preuve, n. f.	proof	prueba	Beweis	prova	απόδειξη
prix, n. m.	price	precio	Preis	preço	τιμή
proche, adj. et n.	relative	cercano	naher Verwandter	próximo	κοντινός
producteur/trice, n.	producer	productor(a)	Hersteller/Herstellerin	produtor, produtora	παραγωγός
produire, v. tr. et irr.	to produce	producir	produzieren	produzir	παράγω
projet, n. m.	project	proyecto	Projekt	projecto	σχέδιο
protection, n. f.	protection	protección	Schutz	protecção	προστασία
protéger, v. tr.	to protect	proteger	schützen	proteger	προστατεύω
pull, n. m.	jumper	jersey	Pulli	camisola	πουλόβερ
purée, n. f.	puree	puré	Puree	puré	πουρές
quand, adv.	when	cuándo	wenn	quando	όταν
quantité, n. f.	quantity	cantidad	Menge	quantidade	ποσότητα
quartier, n. m.	neighbourhood	barrio	Viertel	bairro	συνοικία
quatre-vingt-dix, adj. et n.	ninety	noventa	neunzig	noventa	ενενήντα
quatre-vingts, adj. et n.	eighty	ochenta	achtzig	oitenta	ογδόντα
quel(s)/quelle(s), adj.	which	qué, cuál	welche/welcher	qual/quais	ποιος(οι)/ποια(ες)
quelqu'un, pron.	someone	alguien	jemand	alguém	κάποιος
quoi, pron.	what	que	was	o quê	τι
radio, n. f.	radio	radio	Radio	rádio	ραδιόφωνο
rayon, n. m.	department	rayo, sección	Strahl	raio	ακτίνα
recette, n. f.	recipe	receta	Rezept	receita	συνταγή
recevoir, v. tr. et irr.	to receive	recibir	erhalten	receber	λαμβάνω
rechercher, v. tr.	to search for	buscar	suchen	procurar	ερευνώ
récit, n. m.	story	relato, narración	Bericht	narração	ρκcit
recyclage, n. m.	recycling	reciclaje	Recycling	reciclagem	ανακύκλωση
recycler, v. tr.	recycle	reciclar	recyceln	reciclar	ανακυκλώνω
réduction, n. f.	reduction	reducción	Reduzierung	redução	μείωση
remède, n. m.	remedy	remedio	Mittel	remédio	φάρμακο
rencontrer, v. tr.	to meet	encontrar	treffen	encontrar	συναντώ
rendez-vous, n. m.	appointment	cita	Verabredung	encontro	ραντεβού
rendre, v. tr. et irr.	to give back	devolver	zurückgeben	entregar	αποφέρω
repas, n. m.	meal	comida	Mahlzeit	refeição	γεύμα
République Tchèque, n. f.	Czech Republic	República Checa	Tschechische Republik	República Checa	Τσεχική Δημοκρατία
respecter, v. tr.	to respect	respetar	respektieren	respeitar	σέβομαι
restaurant, n. m.	restaurant	restaurante	Restaurant	restaurante	εστιατόριο
rester, v. intr.	to remain	quedarse	bleiben	ficar	παραμένω
réussir, v. tr. et intr.	to succeed	lograr, ser un éxito	Erfolg haben	conseguir	επιτυγχάνω
rien, pron.	nothing	nada	nichts	nada	τίποτα
rigoler, v. intr.	joke	reirse, bromear	lachen, Spaß machen	brincar	γελώ
rigolo/rigolote, adj.	amusing	gracioso(a)	Spaßvogel	engraçado/engraçada	αστείος/αστεία
robe, n. f.	dress	vestido	Kleid	vestido	φόρεμα
robot, n. m.	robot	robot	Roboter	robot	ρομπότ
roman policier, n. m.	detective novel	novela policial	Krimi	romance policial	αστυνομικό μυθιστόρημα
roman, n. m.	novel	novela	Roman	romance	μυθιστόρημα
romantique, adj.	romantic	romántico	romantisch	romântico	ρομαντικός
rose, adj.	pink	rosa	rosa	rosa	ροζ
rouge, adj.	red	rojo	rot	vermelho	κόκκινο
rouler, v. intr.	to drive	circular	fahren	circular	κυλώ
Royaume-Uni, n. m.	United Kingdom	Reino Unido	Vereinigtes Königreich	Reino Unido	Ηνωμένο Βασίλειο
rubrique, n. f.	heading	rúbrica	Rubrik	rubrica	επικεφαλίδα
rue, n. f.	street	calle	Strasse	rua	δρόμος
russe, adj.	Russian	ruso(a)	russisch	russo	ρωσικός
Russie, n. f.	Russia	Rusia	Russland	Rússia	Ρωσία
s'inquiéter, v. pron.	to worry	preocuparse	sich Sorgen machen	preocupar-se	ανησυχώ
santé, n. f.	health	salud	Gesundheit	saúde	υγεία
sauvegarde, n. f.	protection	salvaguardia	Schutz	salvaguarda	προστατεύω
sauver, v. tr.	to save	salvar, preservar	retten	salvar	σώζω
science-fiction, n. f.	science-fiction	ciencia ficción	Sciencefiction	ficção científica	επιστημονική φαντασία
scientifique, n.	scientist	científico	Wissenschaftler	cientista	επιστήμονας
scooter, n. m.	scooter	escúter	Motorroller	motorizada	σκούτερ
se réchauffer, v. pron.	to get warm	recalentarse	sich aufwärmen	aquecer-se	ξαναζεσταίνομαι
se soigner, v. pron.	to take care of oneself	curarse	sich pflegen	tratar-e	περιποιούμαι
secret, n. m.	secret	secreto	Geheimnis	segredo,	μυστικό
secrétaire, n.	secretary	secretaria	Sekretärin	secretária	γραμματέας
sel, n. m.	salt	sal	Salz	sal	αλάτι
série, n. f.	series	serie	Serie	série	σειρά
service, n. m.	service	servicio	Service	serviço	εξυπηρέτηση

Lexique

	Français	English	Español	Deutsch	Português	Ελληνικά
1	situer, v. tr.	to locate	situar	einordnen	situar	τοποθετώ
0	Slovaquie, n. f.	Slovakia	Eslovaquia	Slowakei	Eslováquia	Σλοβακία
0	Slovénie, n. f.	Slovenia	Eslovenia	Slowenien	Eslovénia	Σλοβενία
3	soda, n. m.	fizzy drink	soda	Sodawasser	soda	σόδα
2	soif, n. f.	thirst	sed	Durst	sede	δίψα
6	soixante-dix, adj. et n.	seventy	setenta	siebzig	setenta	εβδομήντα
8	solaire, adj.	sun	solar	Sonnen...	solar	ηλιακός
6	soldes, n. f. plur.	sales	rebajas	Ausverkauf	saldos	εκπτώσεις
6	soleil, n. m.	sun	sol	Sonne	sol	ήλιος
5	sonner, v. tr. et intr.	ring	sonar	läuten	tocar	χτυπώ
2	sortir, v. tr. et intr.	to take out/go out	salir	ausgehen	sair	βγαίνω
8	soucoupe, n. f.	saucer	platillo	Untertasse	pires	δίσκος
3	soupe, n. f.	soup	sopa	Suppe	sopa	σούπα
4	souris, n. f.	mouse	ratón	Maus	rato	χαμόγελο
6	souvenir, n. m.	souvenir	recuerdo	Erinnerung	recordação	ανάμνηση
1	spécialité, n. f.	speciality	especialidad	Spezialität	especialidade	σπεσιαλιτέ
4	spectacle, n. m.	show	espectáculo	Spektakel	espectáculo	θέαμα
2	stade, n. m.	stadium	estadio	Stadion	estado	στάδιο
1	station de métro, n. f.	underground station	estación de metro	U-Bahnstation	estação de metro	σταθμός μετρό
8	station spatiale, n. f.	space station	estación espacial	Raumstation	estação espacial	διαστημικός σταθμός
1	statue, n. f.	statue	estatua	Statue	estátua	άγαλμα
1	steak, n. m.	steak	biftec, bisté	Steak	bife	μπριζόλα
8	stéthoscope, n. m.	stethoscope	estetoscopio	Stethoskop	estetoscópio	στηθοσκόπιο
8	stocker, v. tr.	store	almacenar	speichern	guardar	αποθηκεύω
3	sucre, n. m.	sugar	azúcar	Zucker	açúcar	ζάχαρη
0	sud, n. m.	south	sur	Süden	sul	νότος
0	Suède, n. f.	Sweden	Suecia	Schweden	Suécia	Σουηδία
0	suédois(e), adj.	Swedish	Sueco(a)	schwedisch	sueco(a)	Σουηδικός(η)
8	support, n. m.	support	soporte	Stütze	suporte	υποστήριξη
5	sûr(e), adj.	sure	seguro(a)	sicher	seguro(a)	σίγουρος(η)
4	surfer, v. intr.	surf	navegar	surfen	navegar	σερφάρω
7	surtout, adv.	especially	sobre todo	vor allem	sobretudo	κυρίως
T 6	taille, n. f.	size	talla	Größe	tamanho	μέγεθος
4	tartine, n. f.	buttered bread	rebanada	Schnitte	fatia de pão barrada	φέτα ψωμιού
4	télé-réalité, n. f.	reality TV	tele-realidad	Reality-TV	reality TV	τηλε-ριάλιτι
7	temps, n. m.	weather	tiempo	Wetter	tempo	καιρός
8	Terre, n. f.	Earth	Tierra	Erde	Terra,	Γη
2	tête, n. f.	head	cabeza	Kopf	cabeça	κεφάλι
5	toujours, adv.	always	siempre	immer	sempre	πάντα
2	tour, n. f.	tower	torre	Turm	torre	πύργος
1	tourner, v. tr. et intr.	to turn	girar, voltear	umdrehen	virar	γυρνώ
1	tout droit, loc.	straight ahead	de frente	geradeaus	sempre em frente	όλο ευθεία
7	tract, n. m.	tract	panfleto	Flugblatt	brochura	φυλλάδιο
1	traditionnel, adj.	traditional	tradicional	traditionell	tradicional	παραδοσιακός
7	transport en commun, n. m.	public transport	transportes públicos	öffentliche Verkehrsmittel	transporte colectivo	συγκοινωνίες
7	trier, v. tr.	to sort	clasificar, seleccionar	sortieren	escolher	επιλέγω
3	trop, adv.	too much	demasiado	zu viel	demasiado	πολύ
6	t-shirt, n. m.	t-shirt	camiseta	T-Shirt	t-shirt	μπουζάκι
0	tunisien(ne), adj.	Tunisian	tunecino(a)	tunesisch	tunisino(a)	τυνησιακός(η)
U 0	Union européenne, n. f.	European Union	Unión europea	Europäische Union	União Europeia	Ευρωπαϊκή Ένωση
7	utiliser/réutiliser, v. tr.	to use/reuse	utilizar/reutilizar	verwenden/wiederverwenden	utilizar/reutilizar,	χρησιμοποιώ/ξαναχρησιμοποιώ
V 8	vaccin, n. m.	vaccine	vacuna	Impfstoff	vacina	εμβόλιο
6	vanille, n. f.	vanilla	vainilla	Vanille	baunilha	βανίλια
8	véhicule, n. m.	vehicle	vehículo	Fahrzeug	veículo	όχημα
2	ventre, n. m.	stomach	vientre	Bauch	barriga	κοιλιά
8	verre, n. m.	glass	vidrio, vaso, copa	Glas	copo	ποτήρι
3	verser, v. tr.	to pour	verter	schütten	deitar	αναποδογυρίζω
2	vert(e), adj.	green	verde	grün	verde	πράσινος(η)
6	vêtement, n. m.	garment	ropa	Kleidung	peça de roupa	ρούχο
3	viande, n. f.	meat	carne	Fleisch	carne	κρέας
8	vie, n. f.	life	vida	Leben	vida	ζωή
1	vieux / vieille, adj.	old	viejo(a)	alt	velho/velha	παλιός / παλιά
4	violon, n. m.	violin	violín	Geige	violino	βιολί
2	visite, n. f.	visit	visita	Besuch	visita	επίσκεψη
3	vitamine, n. f.	vitamin	vitamina	Vitamin	vitamina	βιταμίνη
1	vivre, v. tr, intr. et irr.	to live	vivir	leben	viver	ζω
5	voler, v. tr.	to steal	robar	stehlen	roubar	κλέβω
8	voler, v. intr.	to fly	volar	fliegen	voar	πετάω
5	voleur / voleuse, n. m. / n. f.	robber	ladrón(a), ratero(a)	Dieb/Diebin	ladrão/ladra	κλέφτης / κλέφτρα
1	vouloir, v. tr.	to want	querer	wollen	querer	επιθυμώ
Y 3	yaourt, n. m.	yoghurt	yogur	Joghurt	iogurte	γιαούρτι

Imprimé en Italie par Rotolito
Dépôt légal : 64547 - 01/06 - Collection 30 - Édition 01
15/5412/0